I0177303

AFRIKAANS

WORTSCHATZ

DEUTSCH
AFRIKAANS

Die nützlichsten Wörter
Zur Erweiterung Ihres Wortschatzes und
Verbesserung der Sprachfertigkeit

3000 Wörter

Wortschatz Deutsch-Afrikaans für das Selbststudium - 3000 Wörter

Von Andrey Taranov

T&P Books Vokabelbücher sind dafür vorgesehen, beim Lernen einer Fremdsprache zu helfen, Wörter zu memorieren und zu wiederholen. Das Wörterbuch ist nach Themen aufgeteilt und deckt alle wichtigen Bereiche des täglichen Lebens, Berufs, Wissenschaft, Kultur etc. ab.

Durch das Benutzen der themenbezogenen T&P Books ergeben sich folgende Vorteile für den Lernprozess:

- Sachgemäß geordnete Informationen bestimmen den späteren Erfolg auf den darauffolgenden Stufen der Memorisierung
- Die Verfügbarkeit von Wörtern, die sich aus der gleichen Wurzel ableiten lassen, erlaubt die Memorisierung von Worteinheiten (mehr als bei einzeln stehenden Wörtern)
- Kleine Worteinheiten unterstützen den Aufbauprozess von assoziativen Verbindungen für die Festigung des Wortschatzes
- Die Kenntnis der Sprache kann aufgrund der Anzahl der gelernten Wörter eingeschätzt werden

T&P Books Publishing
www.tpbooks.com

ISBN: 978-1-78716-498-7

Dieses Buch ist auch im E-Book Format erhältlich.
Besuchen Sie uns auch auf www.tpbooks.com oder auf einer der bedeutenden Buchhandlungen online.

WORTSCHATZ DEUTSCH-AFRIKAANS
für das Selbststudium

Die Vokabelbücher von T&P Books sind dafür vorgesehen, Ihnen beim Lernen einer Fremdsprache zu helfen, Wörter zu memorieren und zu wiederholen. Der Wortschatz enthält über 3000 häufig gebrauchte, thematisch geordnete Wörter.

* Der Wortschatz enthält die am häufigsten benutzten Wörter
* Eignet sich als Ergänzung zu jedem Sprachkurs
* Erfüllt die Bedürfnisse von Anfängern und fortgeschrittenen Lernenden von Fremdsprachen
* Praktisch für den täglichen Gebrauch, zur Wiederholung und um sich selbst zu testen
* Ermöglicht es, Ihren Wortschatz einzuschätzen

Besondere Merkmale des Wortschatzes:

* Wörter sind entsprechend ihrer Bedeutung und nicht alphabetisch organisiert
* Wörter werden in drei Spalten präsentiert, um das Wiederholen und den Selbstüberprüfungsprozess zu erleichtern
* Wortgruppen werden in kleinere Einheiten aufgespalten, um den Lernprozess zu fördern
* Der Wortschatz bietet eine praktische und einfache Lautschrift jedes Wortes der Fremdsprache

Der Wortschatz hat 101 Themen, einschließlich:

Grundbegriffe, Zahlen, Farben, Monate, Jahreszeiten, Maßeinheiten, Kleidung und Accessoires, Essen und Ernährung, Restaurant, Familienangehörige, Verwandte, Charaktereigenschaften, Empfindungen, Gefühle, Krankheiten, Großstadt, Kleinstadt, Sehenswürdigkeiten, Einkaufen, Geld, Haus, Zuhause, Büro, Import & Export, Marketing, Arbeitssuche, Sport, Ausbildung, Computer, Internet, Werkzeug, Natur, Länder, Nationalitäten und vieles mehr...

INHALT

LEITFADEN FÜR DIE AUSSPRACHE

T&P phonetisches Alphabet	Afrikaans Beispiel	Deutsch Beispiel
[a]	land	schwarz
[ā]	straat	Zahlwort
[æ]	hout	ärgern
[o], [ɔ]	Australië	wohnen, oft
[e]	metaal	Pferde
[ɛ]	aanlê	essen
[ə]	filter	halte
[ı]	uur	Mitte
[i]	billik	ihr, finden
[ī]	naïef	Militärbasis
[o]	koppie	orange
[ø]	akteur	können
[œ]	fluit	Hölle
[u]	hulle	kurz
[ʊ]	hout	dumm
[b]	bakker	Brille
[d]	donder	Detektiv
[f]	navraag	fünf
[g]	burger	gelb
[h]	driehoek	brauchbar
[j]	byvoeg	Jacke
[k]	kamera	Kalender
[l]	loon	Juli
[m]	môre	Mitte
[n]	neef	Vorhang
[p]	pyp	Polizei
[r]	rigting	richtig
[s]	oplos	sein
[t]	lood, tenk	still
[v]	bewaar	November
[w]	oorwinnaar	schwanger
[z]	zoem	sein
[dʒ]	enjin	Kambodscha
[ʃ]	artisjok	Chance
[ŋ]	kans	Känguru
[ʧ]	tjek	Matsch
[ʒ]	beige	Regisseur
[x]	agent	billig

ABKÜRZUNGEN
die im Vokabular verwendet werden

Deutsch. Abkürzungen

Adj	-	Adjektiv
Adv	-	Adverb
Amtsspr.	-	Amtssprache
f	-	Femininum
f, n	-	Femininum, Neutrum
Fem.	-	Femininum
m	-	Maskulinum
m, f	-	Maskulinum, Femininum
m, n	-	Maskulinum, Neutrum
Mask.	-	Maskulinum
n	-	Neutrum
pl	-	Plural
Sg.	-	Singular
ugs.	-	umgangssprachlich
unzähl.	-	unzählbar
usw.	-	und so weiter
v mod	-	Modalverb
vi	-	intransitives Verb
vi, vt	-	intransitives, transitives Verb
vt	-	transitives Verb
zähl.	-	zählbar
z.B.	-	zum Beispiel

GRUNDBEGRIFFE

1. Pronomen

ich	ek, my	[ɛk], [maj]
du	jy	[jaj]
er	hy	[haj]
sie	sy	[saj]
es	dit	[dit]
wir	ons	[ɔŋs]
ihr	julle	[jullə]
Sie (Sg.)	u	[u]
Sie (pl)	u	[u]
sie	hulle	[hullə]

2. Grüße. Begrüßungen

Hallo! (ugs.)	Hallo!	[hallo!]
Hallo! (Amtsspr.)	Hallo!	[hallo!]
Guten Morgen!	Goeie môre!	[χuje mɔrə!]
Guten Tag!	Goeiemiddag!	[χuje·middaχ!]
Guten Abend!	Goeienaand!	[χuje·nãnt!]
grüßen (vi, vt)	dagsê	[daχsɛ:]
Hallo! (ugs.)	Hallo!	[hallo!]
Gruß (m)	groet	[χrut]
begrüßen (vt)	groet	[χrut]
Wie geht's?	Hoe gaan dit?	[hu χãn dit?]
Wie geht es Ihnen?	Hoe gaan dit?	[hu χãn dit?]
Was gibt es Neues?	Hoe gaan dit?	[hu χãn dit?]
Auf Wiedersehen!	Totsiens!	[totsiŋs!]
Wiedersehen! Tschüs!	Koebaai!	[kubãi!]
Bis bald!	Totsiens!	[totsiŋs!]
Lebe wohl!	Mooi loop!	[moj loəp!]
Leben Sie wohl!	Vaarwel!	[fãrwel!]
sich verabschieden	afskeid neem	[afskæjt neəm]
Tschüs!	Koebaai!	[kubãi!]
Danke!	Dankie!	[danki!]
Dankeschön!	Baie dankie!	[baje danki!]
Bitte (Antwort)	Plesier	[plesir]
Keine Ursache.	Plesier!	[plesir!]
Nichts zu danken.	Plesier	[plesir]
Entschuldigen Sie!	Verskoon my!	[ferskoən maj!]
Entschuldige!	Ekskuus!	[ɛkskɪs!]

entschuldigen (vt)	verskoon	[ferskoən]
sich entschuldigen	verskoning vra	[ferskoniŋ fra]
Verzeihung!	Verskoning	[ferskoniŋ]
Es tut mir leid!	Ek is jammer!	[ɛk is jammər!]
verzeihen (vt)	vergewe	[ferχevə]
Das macht nichts!	Maak nie saak nie!	[mãk ni sãk ni!]
bitte (Die Rechnung, ~!)	asseblief	[asseblif]

Nicht vergessen!	Vergeet dit nie!	[ferχeet dit ni!]
Natürlich!	Beslis!	[beslis!]
Natürlich nicht!	Natuurlik nie!	[natɪrlik ni!]
Gut! Okay!	OK!	[okej!]
Es ist genug!	Dis genoeg!	[dis χenuχ!]

3. Fragen

Wer?	Wie?	[vi?]
Was?	Wat?	[vat?]
Wo?	Waar?	[vãr?]
Wohin?	Waarheen?	[vãrheən?]
Woher?	Waarvandaan?	[vãrfandãn?]
Wann?	Wanneer?	[vanneər?]
Wozu?	Hoekom?	[hukom?]
Warum?	Hoekom?	[hukom?]

Wofür?	Vir wat?	[fir vat?]
Wie?	Hoe?	[hu?]
Welcher?	Watter?	[vattər?]

Wem?	Vir wie?	[fir vi?]
Über wen?	Oor wie?	[oər vi?]
Wovon? (~ sprichst du?)	Oor wat?	[oər vat?]
Mit wem?	Met wie?	[met vi?]
Wie viel? Wie viele?	Hoeveel?	[hufeəl?]

4. Präpositionen

mit (Frau ~ Katzen)	met	[met]
ohne (~ Dich)	sonder	[sondər]
nach (~ London)	na	[na]
über (~ Geschäfte sprechen)	oor	[oər]
vor (z.B. ~ acht Uhr)	voor	[foər]
vor (z.B. ~ dem Haus)	voor ...	[foər ...]

unter (~ dem Schirm)	onder	[ondər]
über (~ dem Meeresspiegel)	oor	[oər]
auf (~ dem Tisch)	op	[op]
aus (z.B. ~ München)	uit	[œit]
aus (z.B. ~ Porzellan)	van	[fan]

in (~ zwei Tagen)	oor	[oər]
über (~ zaun)	oor	[oər]

5. Funktionswörter. Adverbien. Teil 1

Wo?	Waar?	[vãr?]
hier	hier	[hir]
dort	daar	[dãr]

irgendwo	êrens	[ærɛŋs]
nirgends	nêrens	[nærɛŋs]

an (bei)	by	[baj]
am Fenster	by	[baj]

Wohin?	Waarheen?	[vãrheən?]
hierher	hier	[hir]
dahin	soontoe	[soentu]
von hier	hiervandaan	[hirfandãn]
von da	daarvandaan	[dãrfandãn]

nah (Adv)	naby	[nabaj]
weit, fern (Adv)	ver	[fer]

in der Nähe von ...	naby	[nabaj]
in der Nähe	naby	[nabaj]
unweit (~ unseres Hotels)	nie ver nie	[ni fər ni]

link (Adj)	linker-	[linkər-]
links (Adv)	op linkerhand	[op linkərhant]
nach links	na links	[na links]

recht (Adj)	regter	[reχtər]
rechts (Adv)	op regterhand	[op reχtərhant]
nach rechts	na regs	[na reχs]

vorne (Adv)	voor	[foər]
Vorder-	voorste	[foərstə]
vorwärts	vooruit	[foərœit]

hinten (Adv)	agter	[aχtər]
von hinten	van agter	[fan aχtər]
rückwärts (Adv)	agtertoe	[aχtərtu]

Mitte (f)	middel	[middəl]
in der Mitte	in die middel	[in di middəl]

seitlich (Adv)	op die sykant	[op di sajkant]
überall (Adv)	orals	[orals]
ringsherum (Adv)	orals rond	[orals ront]

von innen (Adv)	van binne	[fan binnə]
irgendwohin (Adv)	êrens	[ærɛŋs]
geradeaus (Adv)	reguit	[reχœit]
zurück (Adv)	terug	[teruχ]

irgendwoher (Adv)	êrens vandaan	[ærɛŋs fandãn]
von irgendwo (Adv)	êrens vandaan	[ærɛŋs fandãn]

erstens	in die eerste plek	[in di eərstə plek]
zweitens	in die tweede plek	[in di tweədə plek]
drittens	in die derde plek	[in di derdə plek]

plötzlich (Adv)	skielik	[skilik]
zuerst (Adv)	aan die begin	[ān di beχin]
zum ersten Mal	vir die eerste keer	[fir di eərstə keər]
lange vor...	lank voordat ...	[lank foərdat ...]
von Anfang an	opnuut	[opnɪt]
für immer	vir goed	[fir χut]

nie (Adv)	nooit	[nojt]
wieder (Adv)	weer	[veər]
jetzt (Adv)	nou	[næʊ]
oft (Adv)	dikwels	[dikwɛls]
damals (Adv)	toe	[tu]
dringend (Adv)	dringend	[driŋən]
gewöhnlich (Adv)	gewoonlik	[χevoənlik]

übrigens, ...	terloops, ...	[terloəps], [...]
möglicherweise (Adv)	moontlik	[moentlik]
wahrscheinlich (Adv)	waarskynlik	[vārskajnlik]
vielleicht (Adv)	dalk	[dalk]
außerdem ...	trouens ...	[træʊɛns ...]
deshalb ...	dis hoekom ...	[dis hukom ...]
trotz ...	ondanks ...	[ondanks ...]
dank ...	danksy ...	[danksaj ...]

was (~ ist denn?)	wat	[vat]
das (~ ist alles)	dat	[dat]
etwas	iets	[its]
irgendwas	iets	[its]
nichts	niks	[niks]

wer (~ ist ~?)	wie	[vi]
jemand	iemand	[imant]
irgendwer	iemand	[imant]

niemand	niemand	[nimant]
nirgends	nêrens	[nærɛŋs]
niemandes (~ Eigentum)	niemand se	[nimant sə]
jemandes	iemand se	[imant sə]

so (derart)	so	[so]
auch	ook	[oək]
ebenfalls	ook	[oək]

6. Funktionswörter. Adverbien. Teil 2

| Warum? | Waarom? | [vārom?] |
| weil ... | omdat ... | [omdat ...] |

| und | en | [ɛn] |
| oder | of | [of] |

aber	maar	[mãr]
für (präp)	vir	[fir]
zu (~ viele)	te	[te]
nur (~ einmal)	net	[net]
genau (Adv)	presies	[presis]
etwa	ongeveer	[onχəfeər]
ungefähr (Adv)	ongeveer	[onχəfeər]
ungefähr (Adj)	geraamde	[χerãmdə]
fast	amper	[ampər]
Übrige (n)	die res	[di res]
der andere	die ander	[di andər]
andere	ander	[andər]
jeder (~ Mann)	elke	[ɛlkə]
beliebig (Adj)	enige	[ɛniχə]
viel	baie	[baje]
viele Menschen	baie mense	[baje mɛŋsə]
alle (wir ~)	almal	[almal]
im Austausch gegen ...	in ruil vir ...	[in rœil fir ...]
dafür (Adv)	as vergoeding	[as ferχudiŋ]
mit der Hand (Hand-)	met die hand	[met di hant]
schwerlich (Adv)	skaars	[skãrs]
wahrscheinlich (Adv)	waarskynlik	[vãrskajnlik]
absichtlich (Adv)	opsetlik	[opsetlik]
zufällig (Adv)	toevallig	[tufalləχ]
sehr (Adv)	baie	[baje]
zum Beispiel	byvoorbeeld	[bajfoərbeəlt]
zwischen	tussen	[tussən]
unter (Wir sind ~ Mördern)	tussen	[tussən]
so viele (~ Ideen)	so baie	[so baje]
besonders (Adv)	veral	[feral]

ZAHLEN. VERSCHIEDENES

7. Grundzahlen. Teil 1

null	nul	[nul]
eins	een	[eən]
zwei	twee	[tweə]
drei	drie	[dri]
vier	vier	[fir]
fünf	vyf	[fajf]
sechs	ses	[ses]
sieben	sewe	[sevə]
acht	ag	[aχ]
neun	nege	[neχə]
zehn	tien	[tin]
elf	elf	[ɛlf]
zwölf	twaalf	[twãlf]
dreizehn	dertien	[dertin]
vierzehn	veertien	[feərtin]
fünfzehn	vyftien	[fajftin]
sechzehn	sestien	[sestin]
siebzehn	sewetien	[sevətin]
achtzehn	agtien	[aχtin]
neunzehn	negetien	[neχetin]
zwanzig	twintig	[twintəχ]
einundzwanzig	een-en-twintig	[eən-en-twintəχ]
zweiundzwanzig	twee-en-twintig	[tweə-en-twintəχ]
dreiundzwanzig	drie-en-twintig	[dri-en-twintəχ]
dreißig	dertig	[dertəχ]
einunddreißig	een-en-dertig	[eən-en-dertəχ]
zweiunddreißig	twee-en-dertig	[tweə-en-dertəχ]
dreiunddreißig	drie-en-dertig	[dri-en-dertəχ]
vierzig	veertig	[feərtəχ]
einundvierzig	een-en-veertig	[eən-en-feərtəχ]
zweiundvierzig	twee-en-veertig	[tweə-en-feərtəχ]
dreiundvierzig	vier-en-veertig	[fir-en-feərtəχ]
fünfzig	vyftig	[fajftəχ]
einundfünfzig	een-en-vyftig	[eən-en-fajftəχ]
zweiundfünfzig	twee-en-vyftig	[tweə-en-fajftəχ]
dreiundfünfzig	drie-en-vyftig	[dri-en-fajftəχ]
sechzig	sestig	[sestəχ]
einundsechzig	een-en-sestig	[eən-en-sestəχ]

| zweiundsechzig | twee-en-sestig | [twee-en-sestəχ] |
| dreiundsechzig | drie-en-sestig | [dri-en-sestəχ] |

siebzig	sewentig	[seventəχ]
einundsiebzig	een-en-sewentig	[een-en-seventəχ]
zweiundsiebzig	twee-en-sewentig	[twee-en-seventəχ]
dreiundsiebzig	drie-en-sewentig	[dri-en-seventəχ]

achtzig	tagtig	[taχtəχ]
einundachtzig	een-en-tagtig	[een-en-taχtəχ]
zweiundachtzig	twee-en-tagtig	[twee-en-taχtəχ]
dreiundachtzig	drie-en-tagtig	[dri-en-taχtəχ]

neunzig	negentig	[neχentəχ]
einundneunzig	een-en-negentig	[een-en-neχentəχ]
zweiundneunzig	twee-en-negentig	[twee-en-neχentəχ]
dreiundneunzig	drie-en-negentig	[dri-en-neχentəχ]

8. Grundzahlen. Teil 2

einhundert	honderd	[hondərt]
zweihundert	tweehonderd	[twee·hondərt]
dreihundert	driehonderd	[dri·hondərt]
vierhundert	vierhonderd	[fir·hondərt]
fünfhundert	vyfhonderd	[fajf·hondərt]

sechshundert	seshonderd	[ses·hondərt]
siebenhundert	sewehonderd	[sevə·hondərt]
achthundert	aghonderd	[aχ·hondərt]
neunhundert	negehonderd	[neχə·hondərt]

eintausend	duisend	[dœisent]
zweitausend	tweeduisend	[twee·dœisent]
dreitausend	drieduisend	[dri·dœisent]
zehntausend	tienduisend	[tin·dœisent]
hunderttausend	honderdduisend	[hondərt·dajsent]
Million (f)	miljoen	[miljun]
Milliarde (f)	miljard	[miljart]

9. Ordnungszahlen

der erste	eerste	[eerstə]
der zweite	tweede	[tweedə]
der dritte	derde	[derdə]
der vierte	vierde	[firdə]
der fünfte	vyfde	[fajfdə]

der sechste	sesde	[sesdə]
der siebte	sewende	[sevendə]
der achte	agste	[aχstə]
der neunte	negende	[neχendə]
der zehnte	tiende	[tində]

FARBEN. MAßEINHEITEN

10. Farben

Farbe (f)	kleur	[kløər]
Schattierung (f)	skakering	[skakeriŋ]
Farbton (m)	tint	[tint]
Regenbogen (m)	reënboog	[rɛɛn·boəχ]
weiß	wit	[vit]
schwarz	swart	[swart]
grau	grys	[χrajs]
grün	groen	[χrun]
gelb	geel	[χeəl]
rot	rooi	[roj]
blau	blou	[blæʊ]
hellblau	ligblou	[liχ·blæʊ]
rosa	pienk	[pink]
orange	oranje	[oranje]
violett	pers	[pers]
braun	bruin	[brœin]
golden	goue	[χæʊə]
silbrig	silweragtig	[silweraχtəχ]
beige	beige	[bɛ:iʒ]
cremefarben	roomkleurig	[roəm·kløərəχ]
türkis	turkoois	[turkojs]
kirschrot	kersierooi	[kersi·roj]
lila	lila	[lila]
himbeerrot	karmosyn	[karmosajn]
hell	lig	[liχ]
dunkel	donker	[donkər]
grell	helder	[hɛldər]
Farb- (z.B. -stifte)	kleurig	[kløərəχ]
Farb- (z.B. -film)	kleur	[kløər]
schwarz-weiß	swart-wit	[swart-wit]
einfarbig	effe	[ɛffə]
bunt	veelkleurig	[feəlkløərəχ]

11. Maßeinheiten

Gewicht (n)	gewig	[χevəχ]
Länge (f)	lengte	[leŋtə]

Breite (f)	breedte	[breədtə]
Höhe (f)	hoogte	[hoəχtə]
Tiefe (f)	diepte	[diptə]
Volumen (n)	volume	[folumə]
Fläche (f)	area	[area]

Gramm (n)	gram	[χram]
Milligramm (n)	milligram	[milliχram]
Kilo (n)	kilogram	[kiloχram]
Tonne (f)	ton	[ton]
Pfund (n)	pond	[pont]
Unze (f)	ons	[ɔŋs]

Meter (m)	meter	[metər]
Millimeter (m)	millimeter	[millimetər]
Zentimeter (m)	sentimeter	[sentimetər]
Kilometer (m)	kilometer	[kilometər]
Meile (f)	myl	[majl]

Zoll (m)	duim	[dœim]
Fuß (m)	voet	[fut]
Yard (n)	jaart	[järt]

| Quadratmeter (m) | vierkante meter | [firkantə metər] |
| Hektar (n) | hektaar | [hektär] |

Liter (m)	liter	[litər]
Grad (m)	graad	[χrät]
Volt (n)	volt	[folt]
Ampere (n)	ampère	[ampɛ:r]
Pferdestärke (f)	perdekrag	[perdə·kraχ]

Anzahl (f)	hoeveelheid	[hufeəlhæjt]
Hälfte (f)	helfte	[hɛlftə]
Dutzend (n)	dosyn	[dosajn]
Stück (n)	stuk	[stuk]

| Größe (f) | grootte | [χroəttə] |
| Maßstab (m) | skaal | [skäl] |

minimal (Adj)	minimaal	[minimäl]
der kleinste	die kleinste	[di klæjnstə]
mittler, mittel-	medium	[medium]
maximal (Adj)	maksimaal	[maksimäl]
der größte	die grootste	[di χroətstə]

12. Behälter

Glas (Einmachglas)	glaspot	[χlas·pot]
Dose (z.B. Bierdose)	blikkie	[blikki]
Eimer (m)	emmer	[ɛmmər]
Fass (n), Tonne (f)	drom	[drom]
Waschschüssel (n)	wasbak	[vas·bak]
Tank (m)	tenk	[tɛnk]

Flachmann (m)	heupfles	[høəp·fles]
Kanister (m)	petrolblik	[petrol·blik]
Zisterne (f)	tenk	[tɛnk]

Kaffeebecher (m)	beker	[bekər]
Tasse (f)	koppie	[koppi]
Untertasse (f)	piering	[piriŋ]
Wasserglas (n)	glas	[χlas]
Weinglas (n)	wynglas	[vajn·χlas]
Kochtopf (m)	soppot	[sop·pot]

| Flasche (f) | bottel | [bottəl] |
| Flaschenhals (m) | nek | [nek] |

Karaffe (f)	kraffie	[kraffi]
Tonkrug (m)	kruik	[krœik]
Gefäß (n)	houer	[hæʊər]
Tontopf (m)	pot	[pot]
Vase (f)	vaas	[fãs]

Flakon (n)	bottel	[bottəl]
Fläschchen (n)	botteltjie	[bottɛlki]
Tube (z.B. Zahnpasta)	buisie	[bœisi]

Sack (~ Kartoffeln)	sak	[sak]
Tüte (z.B. Plastiktüte)	sak	[sak]
Schachtel (f) (z.B. Zigaretten~)	pakkie	[pakki]

Karton (z.B. Schuhkarton)	kartondoos	[karton·doəs]
Kiste (z.B. Bananenkiste)	krat	[krat]
Korb (m)	mandjie	[mandʒi]

T&P Books. Wortschatz Deutsch-Afrikaans für das Selbststudium - 3000 Wörter

DIE WICHTIGSTEN VERBEN

13. Die wichtigsten Verben. Teil 1

abbiegen (nach links ~)	draai	[drāi]
abschicken (vt)	stuur	[stɪr]
ändern (vt)	verander	[ferandər]
Angst haben	bang wees	[baŋ veəs]
ankommen (vi)	aankom	[ānkom]
antworten (vi)	antwoord	[antwoərt]
arbeiten (vi)	werk	[verk]
auf ... zählen	reken op ...	[reken op ...]
aufbewahren (vt)	bewaar	[bevār]
aufschreiben (vt)	opskryf	[opskrajf]
ausgehen (vi)	uitgaan	[œitχān]
aussprechen (vt)	uitspreek	[œitspreək]
bedauern (vt)	jammer wees	[jammər veəs]
bedeuten (vt)	beteken	[betekən]
beenden (vt)	klaarmaak	[klārmāk]
befehlen (Milit.)	beveel	[befeəl]
befreien (Stadt usw.)	bevry	[befraj]
beginnen (vt)	begin	[beχin]
bemerken (vt)	raaksien	[rāksin]
beobachten (vt)	waarneem	[vārneəm]
berühren (vt)	aanraak	[ānrāk]
besitzen (vt)	besit	[besit]
besprechen (vt)	bespreek	[bespreək]
bestehen auf	aandring	[āndriŋ]
bestellen (im Restaurant)	bestel	[bestəl]
bestrafen (vt)	straf	[straf]
beten (vi)	bid	[bit]
bitten (vt)	vra	[fra]
brechen (vt)	breek	[breək]
denken (vi, vt)	dink	[dink]
drohen (vi)	dreig	[dræjχ]
Durst haben	dors wees	[dors veəs]
einladen (vt)	uitnooi	[œitnoj]
einstellen (vt)	ophou	[ophæʊ]
einwenden (vt)	beswaar maak	[beswār māk]
empfehlen (vt)	aanbeveel	[ānbefeəl]
erklären (vt)	verduidelik	[ferdœidəlik]
erlauben (vt)	toestaan	[tustān]
ermorden (vt)	doodmaak	[doədmāk]

| erwähnen (vt) | verwys na | [ferwajs na] |
| existieren (vi) | bestaan | [bestān] |

14. Die wichtigsten Verben. Teil 2

fallen (vi)	val	[fal]
fallen lassen	laat val	[lāt fal]
fangen (vt)	vang	[faŋ]
finden (vt)	vind	[fint]
fliegen (vi)	vlieg	[fliχ]

folgen (Folge mir!)	volg ...	[folχ ...]
fortsetzen (vt)	aangaan	[ānχān]
fragen (vt)	vra	[fra]
frühstücken (vi)	ontbyt	[ontbajt]
geben (vt)	gee	[χeə]

gefallen (vi)	hou van	[hæʊ fan]
gehen (zu Fuß gehen)	gaan	[χān]
gehören (vi)	behoort aan ...	[behoərt ān ...]
graben (vt)	grawe	[χravə]

haben (vt)	hê	[hɛ:]
helfen (vi)	help	[hɛlp]
herabsteigen (vi)	afkom	[afkom]
hereinkommen (vi)	binnegaan	[binnəχān]
hoffen (vi)	hoop	[hoəp]
hören (vt)	hoor	[hoər]
hungrig sein	honger wees	[hoŋər veəs]
informieren (vt)	in kennis stel	[in kɛnnis stəl]
jagen (vi)	jag	[jaχ]

kennen (vt)	ken	[ken]
klagen (vi)	kla	[kla]
können (v mod)	kan	[kan]
kontrollieren (vt)	kontroleer	[kontroleər]
kosten (vt)	kos	[kos]

kränken (vt)	beledig	[beledəχ]
lächeln (vi)	glimlag	[χlimlaχ]
lachen (vi)	lag	[laχ]
laufen (vi)	hardloop	[hardloəp]
leiten (Betrieb usw.)	beheer	[beheər]

lernen (vt)	studeer	[studeər]
lesen (vi, vt)	lees	[leəs]
lieben (vt)	liefhê	[lifhɛ:]
machen (vt)	doen	[dun]

mieten (Haus usw.)	huur	[hɪr]
nehmen (vt)	vat	[fat]
noch einmal sagen	herhaal	[herhāl]
nötig sein	nodig wees	[nodəχ veəs]
öffnen (vt)	oopmaak	[oəpmāk]

15. Die wichtigsten Verben. Teil 3

planen (vt)	beplan	[beplan]
prahlen (vi)	spog	[spoχ]
raten (vt)	aanraai	[ãnrãi]
rechnen (vt)	tel	[təl]
reservieren (vt)	bespreek	[bespreək]

retten (vt)	red	[ret]
richtig raten (vt)	raai	[rãi]
rufen (um Hilfe ~)	roep	[rup]
sagen (vt)	sê	[sɛ:]
schaffen (Etwas Neues zu ~)	skep	[skep]

schelten (vt)	uitvaar teen	[œitfãr teən]
schießen (vi)	skiet	[skit]
schmücken (vt)	versier	[fersir]
schreiben (vi, vt)	skryf	[skrajf]
schreien (vi)	skreeu	[skriʊ]

schweigen (vi)	stilbly	[stilblaj]
schwimmen (vi)	swem	[swem]
schwimmen gehen	gaan swem	[χãn swem]
sehen (vi, vt)	sien	[sin]

sein (vi)	wees	[veəs]
sich beeilen	opskud	[opskut]
sich entschuldigen	verskoning vra	[ferskoniŋ fra]

sich interessieren	belangstel in ...	[belaŋstəl in ...]
sich setzen	gaan sit	[χãn sit]
sich weigern	weier	[væjer]
spielen (vi, vt)	speel	[speəl]

sprechen (vi)	praat	[prãt]
staunen (vi)	verbaas wees	[ferbãs veəs]
stehlen (vt)	steel	[steəl]
stoppen (vt)	stilhou	[stilhæʊ]
suchen (vt)	soek ...	[suk ...]

16. Die wichtigsten Verben. Teil 4

täuschen (vt)	bedrieg	[bedrəχ]
teilnehmen (vi)	deelneem	[deəlneəm]
übersetzen (Buch usw.)	vertaal	[fertãl]
unterschätzen (vt)	onderskat	[ondərskat]
unterschreiben (vt)	teken	[tekən]

vereinigen (vt)	verenig	[ferenəχ]
vergessen (vt)	vergeet	[ferχeət]
vergleichen (vt)	vergelyk	[ferχəlajk]
verkaufen (vi)	verkoop	[ferkoəp]
verlangen (vt)	eis	[æjs]

versäumen (vt)	bank	[bank]
versprechen (vt)	beloof	[beloəf]
verstecken (vt)	wegsteek	[veχsteək]
verstehen (vt)	verstaan	[ferstän]
versuchen (vt)	probeer	[probeər]
verteidigen (vt)	verdedig	[ferdedəχ]
vertrauen (vi)	vertrou	[fertræʊ]
verwechseln (vt)	verwar	[ferwar]
verzeihen (vi, vt)	verskoon	[ferskoən]
verzeihen (vt)	vergewe	[ferχeve]
voraussehen (vt)	voorsien	[foərsin]
vorschlagen (vt)	voorstel	[foərstəl]
vorziehen (vt)	verkies	[ferkis]
wählen (vt)	kies	[kis]
warnen (vt)	waarsku	[värsku]
warten (vi)	wag	[vaχ]
weinen (vi)	huil	[hœil]
wissen (vt)	weet	[veət]
Witz machen	grappies maak	[χrappis mäk]
wollen (vt)	wil	[vil]
zahlen (vt)	betaal	[betäl]
zeigen (jemandem etwas)	wys	[vajs]
zu Abend essen	aandete gebruik	[ändetə χebrœik]
zu Mittag essen	gaan eet	[χän eət]
zubereiten (vt)	kook	[koək]
zustimmen (vi)	saamstem	[sämstem]
zweifeln (vi)	twyfel	[twajfəl]

ZEIT. KALENDER

17. Wochentage

Montag (m)	Maandag	[mãndaχ]
Dienstag (m)	Dinsdag	[dinsdaχ]
Mittwoch (m)	Woensdag	[voɛŋsdaχ]
Donnerstag (m)	Donderdag	[dondərdaχ]
Freitag (m)	Vrydag	[frajdaχ]
Samstag (m)	Saterdag	[satərdaχ]
Sonntag (m)	Sondag	[sondaχ]
heute	vandag	[fandaχ]
morgen	môre	[mɔrə]
übermorgen	oormôre	[oərmɔrə]
gestern	gister	[χistər]
vorgestern	eergister	[eərχistər]
Tag (m)	dag	[daχ]
Arbeitstag (m)	werksdag	[verks·daχ]
Feiertag (m)	openbare vakansiedag	[openbarə fakaŋsi·daχ]
freier Tag (m)	verlofdag	[ferlofdaχ]
Wochenende (n)	naweek	[naveək]
den ganzen Tag	die hele dag	[di helə daχ]
am nächsten Tag	die volgende dag	[di folχendə daχ]
zwei Tage vorher	twee dae gelede	[twee dae χeledə]
am Vortag	die dag voor	[di daχ foər]
täglich (Adj)	daeliks	[daəliks]
täglich (Adv)	elke dag	[ɛlkə daχ]
Woche (f)	week	[veək]
letzte Woche	laas week	[lãs veək]
nächste Woche	volgende week	[folχendə veək]
wöchentlich (Adj)	weekliks	[veəkliks]
wöchentlich (Adv)	weekliks	[veəkliks]
jeden Dienstag	elke Dinsdag	[ɛlkə dinsdaχ]

18. Stunden. Tag und Nacht

Morgen (m)	oggend	[oχent]
morgens	soggens	[soχɛŋs]
Mittag (m)	middag	[middaχ]
nachmittags	in die namiddag	[in di namiddaχ]
Abend (m)	aand	[ãnt]
abends	saans	[sãŋs]
Nacht (f)	nag	[naχ]

nachts	snags	[snaχs]
Mitternacht (f)	middernag	[middərnaχ]
Sekunde (f)	sekonde	[sekondə]
Minute (f)	minuut	[minɪt]
Stunde (f)	uur	[ɪr]
eine halbe Stunde	n halfuur	[n halfɪr]
fünfzehn Minuten	vyftien minute	[fajftin minutə]
Tag und Nacht	24 ure	[fir-en-twintəχ urə]
Sonnenaufgang (m)	sonop	[son·op]
Morgendämmerung (f)	daeraad	[daerãt]
früher Morgen (m)	elke oggend	[ɛlkə oχent]
Sonnenuntergang (m)	sononder	[son·ondər]
früh am Morgen	vroegdag	[fruχdaχ]
heute Morgen	vanmôre	[fanmɔrə]
morgen früh	môreoggend	[mɔrə·oχent]
heute Mittag	vanmiddag	[fanmiddaχ]
nachmittags	in die namiddag	[in di namiddaχ]
morgen Nachmittag	môremiddag	[mɔrə·middaχ]
heute Abend	vanaand	[fanãnt]
morgen Abend	môreaand	[mɔrə·ãnt]
Punkt drei Uhr	klokslag 3 uur	[klokslaχ dri ɪr]
gegen vier Uhr	omstreeks 4 uur	[omstreəks fir ɪr]
um zwölf Uhr	teen 12 uur	[teən twalf ɪr]
in zwanzig Minuten	oor twintig minute	[oər twintəχ minutə]
rechtzeitig (Adv)	betyds	[betajds]
Viertel vor ...	kwart voor ...	[kwart foər ...]
alle fünfzehn Minuten	elke 15 minute	[ɛlkə fajftin minutə]
Tag und Nacht	24 uur per dag	[fir-en-twintəχ pər daχ]

19. Monate. Jahreszeiten

Januar (m)	Januarie	[januari]
Februar (m)	Februarie	[februari]
März (m)	Maart	[mãrt]
April (m)	April	[april]
Mai (m)	Mei	[mæj]
Juni (m)	Junie	[juni]
Juli (m)	Julie	[juli]
August (m)	Augustus	[ɔuχustus]
September (m)	September	[septembər]
Oktober (m)	Oktober	[oktobər]
November (m)	November	[nofembər]
Dezember (m)	Desember	[desembər]
Frühling (m)	lente	[lentə]
im Frühling	in die lente	[in di lentə]

Frühlings-	lente-	[lente-]
Sommer (m)	somer	[somər]
im Sommer	in die somer	[in di somər]
Sommer-	somerse	[somersə]
Herbst (m)	herfs	[herfs]
im Herbst	in die herfs	[in di herfs]
Herbst-	herfsagtige	[herfsaχtiχə]
Winter (m)	winter	[vintər]
im Winter	in die winter	[in di vintər]
Winter-	winter-	[vintər-]
Monat (m)	maand	[mānt]
in diesem Monat	hierdie maand	[hirdi mānt]
nächsten Monat	volgende maand	[folχendə mānt]
letzten Monat	laasmaand	[lāsmānt]
in zwei Monaten	oor twe maande	[oər twe māndə]
monatlich (Adj)	maandeliks	[māndəliks]
monatlich (Adv)	maandeliks	[māndəliks]
jeden Monat	elke maand	[ɛlkə mānt]
Jahr (n)	jaar	[jār]
dieses Jahr	hierdie jaar	[hirdi jār]
nächstes Jahr	volgende jaar	[folχendə jār]
voriges Jahr	laasjaar	[lāʃār]
in zwei Jahren	binne twee jaar	[binnə twee jār]
jedes Jahr	elke jaar	[ɛlkə jār]
jährlich (Adj)	jaarliks	[jārliks]
jährlich (Adv)	jaarliks	[jārliks]
viermal pro Jahr	4 keer per jaar	[fir keər pər jār]
Datum (heutige ~)	datum	[datum]
Datum (Geburts-)	datum	[datum]
Kalender (m)	kalender	[kalendər]
Halbjahr (n)	ses maande	[ses māndə]
Saison (f)	seisoen	[sæjsun]
Jahrhundert (n)	eeu	[iʊ]

REISEN. HOTEL

20. Ausflug. Reisen

Tourismus (m)	toerisme	[turismə]
Tourist (m)	toeris	[turis]
Reise (f)	reis	[ræjs]
Abenteuer (n)	avontuur	[afontɪr]
Fahrt (f)	reis	[ræjs]
Urlaub (m)	vakansie	[fakaŋsi]
auf Urlaub sein	met vakansie wees	[met fakaŋsi veəs]
Erholung (f)	rus	[rus]
Zug (m)	trein	[træjn]
mit dem Zug	per trein	[pər træjn]
Flugzeug (n)	vliegtuig	[fliχtœiχ]
mit dem Flugzeug	per vliegtuig	[pər fliχtœiχ]
mit dem Auto	per motor	[pər motor]
mit dem Schiff	per skip	[pər skip]
Gepäck (n)	bagasie	[baχasi]
Koffer (m)	tas	[tas]
Gepäckwagen (m)	bagasiekarretjie	[baχasi·karrəki]
Pass (m)	paspoort	[paspoərt]
Visum (n)	visum	[fisum]
Fahrkarte (f)	kaartjie	[kãrki]
Flugticket (n)	lugkaartjie	[luχ·kãrki]
Reiseführer (m)	reisgids	[ræjsχids]
Landkarte (f)	kaart	[kãrt]
Gegend (f)	gebied	[χebit]
Ort (wunderbarer ~)	plek	[plek]
Exotika (pl)	eksotiese dinge	[ɛksotisə diŋə]
exotisch	eksoties	[ɛksotis]
erstaunlich (Adj)	verbasend	[ferbasent]
Gruppe (f)	groep	[χrup]
Ausflug (m)	uitstappie	[œitstappi]
Reiseleiter (m)	gids	[χids]

21. Hotel

Hotel (n), Gasthaus (n)	hotel	[hotəl]
Motel (n)	motel	[motəl]
drei Sterne	drie-ster	[dri-stər]

27

| fünf Sterne | vyf-ster | [fajf-stər] |
| absteigen (vi) | oornag | [oərnaχ] |

Hotelzimmer (n)	kamer	[kamər]
Einzelzimmer (n)	enkelkamer	[ɛnkəl·kamər]
Zweibettzimmer (n)	dubbelkamer	[dubbəl·kamər]

| Halbpension (f) | met aandete, bed en ontbyt | [met ãndetə], [bet en ontbajt] |
| Vollpension (f) | volle losies | [follə losis] |

mit Bad	met bad	[met bat]
mit Dusche	met stortbad	[met stort·bat]
Satellitenfernsehen (n)	satelliet-TV	[satɛllit-te·fe]
Klimaanlage (f)	lugversorger	[luχfersorχər]
Handtuch (n)	handdoek	[handduk]
Schlüssel (m)	sleutel	[sløətəl]

Verwalter (m)	bestuurder	[bestɪrdər]
Zimmermädchen (n)	kamermeisie	[kamər·mæəjsi]
Träger (m)	hoteljoggie	[hotəl·joχi]
Portier (m)	portier	[portir]

Restaurant (n)	restaurant	[restourant]
Bar (f)	kroeg	[kruχ]
Frühstück (n)	ontbyt	[ontbajt]
Abendessen (n)	aandete	[ãndetə]
Buffet (n)	buffetete	[buffetetə]

| Foyer (n) | voorportaal | [foər·portãl] |
| Aufzug (m), Fahrstuhl (m) | hysbak | [hajsbak] |

| BITTE NICHT STÖREN! | MOENIE STEUR NIE | [muni støər ni] |
| RAUCHEN VERBOTEN! | ROOK VERBODE | [roək ferbodə] |

22. Sehenswürdigkeiten

Denkmal (n)	monument	[monument]
Festung (f)	fort	[fort]
Palast (m)	paleis	[palæəjs]
Schloss (n)	kasteel	[kasteəl]
Turm (m)	toring	[toriŋ]
Mausoleum (n)	mausoleum	[mousoløəm]

Architektur (f)	argitektuur	[arχitektɪr]
mittelalterlich	Middeleeus	[middeliʊs]
alt (antik)	oud	[æʊt]
national	nasionaal	[naʃionãl]
berühmt	bekend	[bekent]

Tourist (m)	toeris	[turis]
Fremdenführer (m)	gids	[χids]
Ausflug (m)	uitstappie	[œitstappi]
zeigen (vt)	wys	[vajs]
erzählen (vt)	vertel	[fertəl]

finden (vt)	vind	[fint]
sich verlieren	verdwaal	[ferdwāl]
Karte (U-Bahn ~)	kaart	[kārt]
Karte (Stadt-)	kaart	[kārt]

Souvenir (n)	aandenking	[āndenkiŋ]
Souvenirladen (m)	geskenkwinkel	[χeskɛnk·vinkəl]
fotografieren (vt)	fotografeer	[fotoχrafeer]
sich fotografieren	jou portret laat maak	[jæʊ portret lāt māk]

TRANSPORT

23. Flughafen

Flughafen (m)	lughawe	[luχhavə]
Flugzeug (n)	vliegtuig	[fliχtœiχ]
Fluggesellschaft (f)	lugredery	[luχrederaj]
Fluglotse (m)	lugverkeersleier	[luχ·ferkeərs·læjer]
Abflug (m)	vertrek	[fertrek]
Ankunft (f)	aankoms	[ānkoms]
anfliegen (vi)	aankom	[ānkom]
Abflugzeit (f)	vertrektyd	[fertrək·tajt]
Ankunftszeit (f)	aankomstyd	[ānkoms·tajt]
sich verspäten	vertraag wees	[fertrāχ veəs]
Abflugverspätung (f)	vlugvertraging	[fluχ·fertraχiŋ]
Anzeigetafel (f)	informasiebord	[informasi·bort]
Information (f)	informasie	[informasi]
ankündigen (vt)	aankondig	[ānkondəχ]
Flug (m)	vlug	[fluχ]
Zollamt (n)	doeane	[duanə]
Zollbeamter (m)	doeanebeampte	[duanə·beamptə]
Zolldeklaration (f)	doeaneverklaring	[duanə·ferklariŋ]
ausfüllen (vt)	invul	[inful]
Passkontrolle (f)	paspoortkontrole	[paspoərt·kontrolə]
Gepäck (n)	bagasie	[baχasi]
Handgepäck (n)	handbagasie	[hand·baχasi]
Kofferkuli (m)	bagasiekarretjie	[baχasi·karrəki]
Landung (f)	landing	[landiŋ]
Landebahn (f)	landingsbaan	[landiŋs·bān]
landen (vi)	land	[lant]
Fluggasttreppe (f)	vliegtuigtrap	[fliχtœiχ·trap]
Check-in (n)	na die vertrektoonbank	[na di fertrək·toənbank]
Check-in-Schalter (m)	vertrektoonbank	[fertrək·toənbank]
sich registrieren lassen	na die vertrektoonbank gaan	[na di fertrək·toənbank χān]
Bordkarte (f)	instapkaart	[instap·kārt]
Abfluggate (n)	vertrekuitgang	[fertrek·œitχaŋ]
Transit (m)	transito	[traŋsito]
warten (vi)	wag	[vaχ]
Wartesaal (m)	vertreksaal	[fertrək·sāl]

| begleiten (vt) | afsien | [afsin] |
| sich verabschieden | afskeid neem | [afskæjt neəm] |

24. Flugzeug

Flugzeug (n)	vliegtuig	[fliχtœiχ]
Flugticket (n)	lugkaartjie	[luχ·kārki]
Fluggesellschaft (f)	lugredery	[luχrederəj]
Flughafen (m)	lughawe	[luχhavə]
Überschall-	supersonies	[supersonis]

Flugkapitän (m)	kaptein	[kaptæjn]
Besatzung (f)	bemanning	[bemanniŋ]
Pilot (m)	piloot	[piloət]
Flugbegleiterin (f)	lugwaardin	[luχ·wārdin]
Steuermann (m)	navigator	[nafiχator]

Flügel (pl)	vlerke	[flerkə]
Schwanz (m)	stert	[stert]
Kabine (f)	stuurkajuit	[stɪr·kajœit]
Motor (m)	enjin	[ɛndʒin]
Fahrgestell (n)	landingstel	[landiŋ·stəl]
Turbine (f)	turbine	[turbinə]
Propeller (m)	skroef	[skruf]
Flugschreiber (m)	swart boks	[swart boks]
Steuerrad (n)	stuurstang	[stɪr·staŋ]
Treibstoff (m)	brandstof	[brantstof]

Sicherheitskarte (f)	veiligheidskaart	[fæjliχæjts·kārt]
Sauerstoffmaske (f)	suurstofmasker	[sɪrstof·maskər]
Uniform (f)	uniform	[uniform]
Rettungsweste (f)	reddingsbaadjie	[rɛddiŋs·bādʒi]
Fallschirm (m)	valskerm	[fal·skerm]
Abflug, Start (m)	opstyging	[opstajχiŋ]
starten (vi)	opstyg	[opstajχ]
Startbahn (f)	landingsbaan	[landiŋs·bān]

Sicht (f)	uitsig	[œitsəχ]
Flug (m)	vlug	[fluχ]
Höhe (f)	hoogte	[hoəχtə]
Luftloch (n)	lugsak	[luχsak]

Platz (m)	sitplek	[sitplek]
Kopfhörer (m)	koptelefoon	[kop·telefoən]
Klapptisch (m)	voutafeltjie	[fæʊ·tafɛlki]
Bullauge (n)	vliegtuigvenster	[fliχtœiχ·fɛŋstər]
Durchgang (m)	paadjie	[pādʒi]

25. Zug

| Zug (m) | trein | [træjn] |
| elektrischer Zug (m) | voorstedelike trein | [foərstedelikə træjn] |

Schnellzug (m)	sneltrein	[snɛl·træjn]
Diesellok (f)	diesellokomotief	[disəl·lokomotif]
Dampflok (f)	stoomlokomotief	[stoəm·lokomotif]

| Personenwagen (m) | passasierswa | [passasirs·wa] |
| Speisewagen (m) | eetwa | [eət·wa] |

Schienen (pl)	spoorstawe	[spoər·stavə]
Eisenbahn (f)	spoorweg	[spoər·weχ]
Bahnschwelle (f)	dwarslêer	[dwarslɛər]

Bahnsteig (m)	perron	[perron]
Gleis (n)	spoor	[spoər]
Eisenbahnsignal (n)	semafoor	[semafoər]
Station (f)	stasie	[stasi]
Lokomotivführer (m)	treindrywer	[træjn·drajvər]
Träger (m)	portier	[portir]
Schaffner (m)	kondukteur	[konduktøər]
Fahrgast (m)	passasier	[passasir]
Fahrkartenkontrolleur (m)	kondukteur	[konduktøər]

| Flur (m) | gang | [χaŋ] |
| Notbremse (f) | noodrem | [noədrem] |

Abteil (n)	kompartiment	[kompartiment]
Liegeplatz (m), Schlafkoje (f)	bed	[bet]
oberer Liegeplatz (m)	boonste bed	[boəŋstə bet]
unterer Liegeplatz (m)	onderste bed	[ondərstə bet]
Bettwäsche (f)	beddegoed	[beddə·χut]
Fahrkarte (f)	kaartjie	[kärki]
Fahrplan (m)	diensrooster	[diŋs·roəstər]
Anzeigetafel (f)	informasiebord	[informasi·bort]

abfahren (der Zug)	vertrek	[fertrek]
Abfahrt (f)	vertrek	[fertrek]
ankommen (der Zug)	aankom	[ãnkom]
Ankunft (f)	aankoms	[ãnkoms]

mit dem Zug kommen	aankom per trein	[ãnkom pər træjn]
in den Zug einsteigen	in die trein klim	[in di træjn klim]
aus dem Zug aussteigen	uit die trein klim	[œit di træjn klim]

| Zugunglück (n) | treinbotsing | [træjn·botsiŋ] |
| entgleisen (vi) | ontspoor | [ontspoər] |

Dampflok (f)	stoomlokomotief	[stoəm·lokomotif]
Heizer (m)	stoker	[stokər]
Feuerbüchse (f)	stookplek	[stoəkplek]
Kohle (f)	steenkool	[steən·koəl]

26. Schiff

| Schiff (n) | skip | [skip] |
| Fahrzeug (n) | vaartuig | [färtœiχ] |

Dampfer (m)	stoomboot	[stoəm·boət]
Motorschiff (n)	rivierboot	[rifir·boət]
Kreuzfahrtschiff (n)	toerskip	[tur·skip]
Kreuzer (m)	kruiser	[krœisər]
Jacht (f)	jag	[jaχ]
Schlepper (m)	sleepboot	[sleəp·boət]
Lastkahn (m)	vragskuit	[fraχ·skœit]
Fähre (f)	veerboot	[feər·boət]
Segelschiff (n)	seilskip	[sæjl·skip]
Brigantine (f)	skoenerbrik	[skunər·brik]
Eisbrecher (m)	ysbreker	[ajs·brekər]
U-Boot (n)	duikboot	[dœik·boət]
Boot (n)	roeiboot	[ruiboət]
Dingi (n), Beiboot (n)	bootjie	[boəki]
Rettungsboot (n)	reddingsboot	[rɛddiŋs·boət]
Motorboot (n)	motorboot	[motor·boət]
Kapitän (m)	kaptein	[kaptæjn]
Matrose (m)	seeman	[seəman]
Seemann (m)	matroos	[matroəs]
Besatzung (f)	bemanning	[bemanniŋ]
Bootsmann (m)	bootsman	[boətsman]
Schiffsjunge (m)	skeepsjonge	[skeəps·joŋə]
Schiffskoch (m)	kok	[kok]
Schiffsarzt (m)	skeepsdokter	[skeəps·doktər]
Deck (n)	dek	[dek]
Mast (m)	mas	[mas]
Segel (n)	seil	[sæjl]
Schiffsraum (m)	skeepsruim	[skeəps·rœim]
Bug (m)	boeg	[buχ]
Heck (n)	agterstewe	[aχtərstevə]
Ruder (n)	roeispaan	[ruis·pān]
Schraube (f)	skroef	[skruf]
Kajüte (f)	kajuit	[kajœit]
Messe (f)	offisierskajuit	[offisirs·kajœit]
Maschinenraum (m)	enjinkamer	[ɛnʤin·kamər]
Kommandobrücke (f)	brug	[bruχ]
Funkraum (m)	radiokamer	[radio·kamər]
Radiowelle (f)	golf	[χolf]
Schiffstagebuch (n)	logboek	[loχbuk]
Fernrohr (n)	verkyker	[ferkajkər]
Glocke (f)	bel	[bel]
Fahne (f)	vlag	[flaχ]
Seil (n)	kabel	[kabəl]
Knoten (m)	knoop	[knoəp]
Geländer (n)	dekleuning	[dek·løəniŋ]

Treppe (f)	gangplank	[χaŋ·plank]
Anker (m)	anker	[ankər]
den Anker lichten	anker lig	[ankər ləχ]
Anker werfen	anker uitgooi	[ankər œitχoj]
Ankerkette (f)	ankerketting	[ankər·kɛttiŋ]
Hafen (m)	hawe	[havə]
Anlegestelle (f)	kaai	[kãi]
anlegen (vi)	vasmeer	[fasmeər]
abstoßen (vt)	vertrek	[fertrek]
Reise (f)	reis	[ræjs]
Kreuzfahrt (f)	cruise	[kru:s]
Kurs (m), Richtung (f)	koers	[kurs]
Reiseroute (f)	roete	[rutə]
Fahrwasser (n)	vaarwater	[fãr·vatər]
Untiefe (f)	sandbank	[sand·bank]
stranden (vi)	strand	[strant]
Sturm (m)	storm	[storm]
Signal (n)	sienjaal	[sinjãl]
untergehen (vi)	sink	[sink]
Mann über Bord!	Man oorboord!	[man oərboərd!]
SOS	SOS	[sos]
Rettungsring (m)	reddingsboei	[rɛddiŋs·bui]

STADT

27. Innerstädtischer Transport

Bus (m)	bus	[bus]
Straßenbahn (f)	trem	[trem]
Obus (m)	trembus	[trembus]
Linie (f)	busroete	[bus·rutə]
Nummer (f)	nommer	[nommər]
mit ... fahren	ry per ...	[raj pər ...]
einsteigen (vi)	inklim	[inklim]
aussteigen (aus dem Bus)	uitklim ...	[œitklim ...]
Haltestelle (f)	halte	[haltə]
nächste Haltestelle (f)	volgende halte	[folχendə haltə]
Endhaltestelle (f)	eindpunt	[æjnd·punt]
Fahrplan (m)	diensrooster	[diŋs·roəstər]
warten (vi, vt)	wag	[vaχ]
Fahrkarte (f)	kaartjie	[kãrki]
Fahrpreis (m)	reistarief	[ræjs·tarif]
Kassierer (m)	kaartjieverkoper	[kãrki·ferkopər]
Fahrkartenkontrolle (f)	kaartjiekontrole	[kãrki·kontrolə]
Fahrkartenkontrolleur (m)	kontroleur	[kontroløər]
sich verspäten	laat wees	[lãt veəs]
versäumen (Zug usw.)	mis	[mis]
sich beeilen	haastig wees	[hãstəχ veəs]
Taxi (n)	taxi	[taksi]
Taxifahrer (m)	taxibestuurder	[taksi·bestɪrdər]
mit dem Taxi	per taxi	[pər taksi]
Taxistand (m)	taxistaanplek	[taksi·stãnplek]
Straßenverkehr (m)	verkeer	[ferkeər]
Stau (m)	verkeersknoop	[ferkeərs·knoəp]
Hauptverkehrszeit (f)	spitsuur	[spits·ɪr]
parken (vi)	parkeer	[parkeər]
parken (vt)	parkeer	[parkeər]
Parkplatz (m)	parkeerterrein	[parkeər·terræjn]
U-Bahn (f)	metro	[metro]
Station (f)	stasie	[stasi]
mit der U-Bahn fahren	die metro vat	[di metro fat]
Zug (m)	trein	[træjn]
Bahnhof (m)	treinstasie	[træjn·stasi]

28. Stadt. Leben in der Stadt

Stadt (f)	stad	[stat]
Hauptstadt (f)	hoofstad	[hoəf·stat]
Dorf (n)	dorp	[dorp]

Stadtplan (m)	stadskaart	[stats·kārt]
Stadtzentrum (n)	sentrum	[sentrum]
Vorort (m)	voorstad	[foərstat]
Vorort-	voorstedelik	[foərstedelik]

Stadtrand (m)	buitewyke	[bœitəvajkə]
Umgebung (f)	omgewing	[omχeviŋ]
Stadtviertel (n)	stadswyk	[stats·wajk]
Wohnblock (m)	woonbuurt	[voənbɪrt]

Straßenverkehr (m)	verkeer	[ferkeər]
Ampel (f)	robot	[robot]
Stadtverkehr (m)	openbare vervoer	[openbarə ferfur]
Straßenkreuzung (f)	kruispunt	[krœis·punt]

Übergang (m)	sebraoorgang	[sebra·oərχaŋ]
Fußgängerunterführung (f)	voetgangertonnel	[futχaŋər·tonnəl]
überqueren (vt)	oorsteek	[oərsteək]
Fußgänger (m)	voetganger	[futχaŋər]
Gehweg (m)	sypaadjie	[saj·pādʒi]

Brücke (f)	brug	[bruχ]
Kai (m)	wal	[val]
Springbrunnen (m)	fontein	[fontæjn]

Allee (f)	laning	[laniŋ]
Park (m)	park	[park]
Boulevard (m)	boulevard	[bulefar]
Platz (m)	plein	[plæjn]
Avenue (f)	laan	[lān]
Straße (f)	straat	[strāt]
Gasse (f)	systraat	[saj·strāt]
Sackgasse (f)	doodloopstraat	[doədloəp·strāt]

Haus (n)	huis	[hœis]
Gebäude (n)	gebou	[χebæʊ]
Wolkenkratzer (m)	wolkekrabber	[volkə·krabbər]

Fassade (f)	gewel	[χevəl]
Dach (n)	dak	[dak]
Fenster (n)	venster	[fɛŋstər]
Bogen (m)	arkade	[arkadə]
Säule (f)	kolom	[kolom]
Ecke (f)	hoek	[huk]

Schaufenster (n)	uitstalraam	[œitstalrām]
Firmenschild (n)	reklamebord	[reklamə·bort]
Anschlag (m)	plakkaat	[plakkāt]
Werbeposter (m)	reklameplakkaat	[reklamə·plakkāt]

Werbeschild (n)	aanplakbord	[ānplakbort]
Müll (m)	vullis	[fullis]
Mülleimer (m)	vullisbak	[fullis·bak]
Abfall wegwerfen	rommel strooi	[rommel stroj]
Mülldeponie (f)	vullishoop	[fullis·hoep]

Telefonzelle (f)	telefoonhokkie	[telefoen·hokki]
Straßenlaterne (f)	lamppaal	[lamp·pāl]
Bank (Park-)	bank	[bank]

Polizist (m)	polisieman	[polisi·man]
Polizei (f)	polisie	[polisi]
Bettler (m)	bedelaar	[bedelār]
Obdachlose (m)	daklose	[daklose]

29. Innerstädtische Einrichtungen

Laden (m)	winkel	[vinkel]
Apotheke (f)	apteek	[apteek]
Optik (f)	optisiën	[optisiɛn]
Einkaufszentrum (n)	winkelsentrum	[vinkel·sentrum]
Supermarkt (m)	supermark	[supermark]

Bäckerei (f)	bakkery	[bakkeraj]
Bäcker (m)	bakker	[bakker]
Konditorei (f)	banketbakkery	[banket·bakkeraj]
Lebensmittelladen (m)	kruidenierswinkel	[krœidenirs·vinkel]
Metzgerei (f)	slagter	[slaχter]

Gemüseladen (m)	groentewinkel	[χrunte·vinkel]
Markt (m)	mark	[mark]

Kaffeehaus (n)	koffiekroeg	[koffi·kruχ]
Restaurant (n)	restaurant	[restourant]
Bierstube (f)	kroeg	[kruχ]
Pizzeria (f)	pizzeria	[pizzeria]

Friseursalon (m)	haarsalon	[hār·salon]
Post (f)	poskantoor	[pos·kantoer]
chemische Reinigung (f)	droogskoonmakers	[droeχ·skoen·makers]
Fotostudio (n)	fotostudio	[foto·studio]

Schuhgeschäft (n)	skoenwinkel	[skun·vinkel]
Buchhandlung (f)	boekhandel	[buk·handel]
Sportgeschäft (n)	sportwinkel	[sport·vinkel]

Kleiderreparatur (f)	klereherstelwinkel	[klere·herstel·vinkel]
Bekleidungsverleih (m)	klereverhuurwinkel	[klere·ferhɪr·vinkel]
Videothek (f)	videowinkel	[video·vinkel]

Zirkus (m)	sirkus	[sirkus]
Zoo (m)	dieretuin	[dire·tœin]
Kino (n)	bioskoop	[bioskoep]
Museum (n)	museum	[musøəm]

Bibliothek (f)	biblioteek	[biblioteek]
Theater (n)	teater	[teatər]
Opernhaus (n)	opera	[opera]
Nachtklub (m)	nagklub	[naχ·klup]
Kasino (n)	kasino	[kasino]

Moschee (f)	moskee	[moskeə]
Synagoge (f)	sinagoge	[sinaχoχə]
Kathedrale (f)	katedraal	[katedrāl]
Tempel (m)	tempel	[tempəl]
Kirche (f)	kerk	[kerk]

Institut (n)	kollege	[kolledʒ]
Universität (f)	universiteit	[unifersitæjt]
Schule (f)	skool	[skoəl]

Präfektur (f)	stadhuis	[stat·hœis]
Rathaus (n)	stadhuis	[stat·hœis]
Hotel (n)	hotel	[hotəl]
Bank (f)	bank	[bank]

Botschaft (f)	ambassade	[ambassadə]
Reisebüro (n)	reisagentskap	[ræjs·aχentskap]
Informationsbüro (n)	inligtingskantoor	[inliχtiŋs·kantoər]
Wechselstube (f)	wisselkantoor	[vissəl·kantoər]

U-Bahn (f)	metro	[metro]
Krankenhaus (n)	hospitaal	[hospitāl]

Tankstelle (f)	petrolstasie	[petrol·stasi]
Parkplatz (m)	parkeerterrein	[parkeər·terræjn]

30. Schilder

Firmenschild (n)	reklamebord	[reklamə·bort]
Aufschrift (f)	kennisgewing	[kɛnnis·χeviŋ]
Plakat (n)	plakkaat	[plakkāt]
Wegweiser (m)	rigtingwyser	[riχtiŋ·wajsər]
Pfeil (m)	pyl	[pajl]

Vorsicht (f)	waarskuwing	[vārskuviŋ]
Warnung (f)	waarskuwingsbord	[vārskuviŋs·bort]
warnen (vt)	waarsku	[vārsku]

freier Tag (m)	rusdag	[rusdaχ]
Fahrplan (m)	diensrooster	[diŋs·roəstər]
Öffnungszeiten (pl)	besigheidsure	[besiχæjts·urə]

HERZLICH WILLKOMMEN!	WELKOM!	[vɛlkom!]
EINGANG	INGANG	[inχaŋ]
AUSGANG	UITGANG	[œitχaŋ]

DRÜCKEN	STOOT	[stoət]
ZIEHEN	TREK	[trek]

| GEÖFFNET | OOP | [oəp] |
| GESCHLOSSEN | GESLUIT | [χeslœit] |

| DAMEN, FRAUEN | DAMES | [dames] |
| HERREN, MÄNNER | MANS | [maŋs] |

AUSVERKAUF	AFSLAG	[afslaχ]
REDUZIERT	UITVERKOPING	[œitferkopiŋ]
NEU!	NUUT!	[nɪt!]
GRATIS	GRATIS	[χratis]

ACHTUNG!	PAS OP!	[pas op!]
ZIMMER BELEGT	VOLBESPREEK	[folbespreək]
RESERVIERT	BESPREEK	[bespreək]

| VERWALTUNG | ADMINISTRASIE | [administrasi] |
| NUR FÜR PERSONAL | SLEGS PERSONEEL | [sleχs personeəl] |

VORSICHT BISSIGER HUND	PAS OP VIR DIE HOND!	[pas op fir di hont!]
RAUCHEN VERBOTEN!	ROOK VERBODE	[roək ferbodə]
BITTE NICHT BERÜHREN	NIE AANRAAK NIE!	[ni ānrāk ni!]

GEFÄHRLICH	GEVAARLIK	[χefārlik]
VORSICHT!	GEVAAR	[χefār]
HOCHSPANNUNG	HOOGSPANNING	[hoəχ·spanniŋ]
BADEN VERBOTEN	NIE SWEM NIE	[ni swem ni]
AUßER BETRIEB	BUITE WERKING	[bœitə verkiŋ]

LEICHTENTZÜNDLICH	ONTVLAMBAAR	[ontflambār]
VERBOTEN	VERBODE	[ferbodə]
DURCHGANG VERBOTEN	TOEGANG VERBODE!	[tuχaŋ ferbode!]
FRISCH GESTRICHEN	NAT VERF	[nat ferf]

31. Shopping

kaufen (vt)	koop	[koəp]
Einkauf (m)	aankoop	[ānkoəp]
einkaufen gehen	inkopies doen	[inkopis dun]
Einkaufen (n)	inkoop	[inkoəp]

| offen sein (Laden) | oop wees | [oəp veəs] |
| zu sein | toe wees | [tu veəs] |

Schuhe (pl)	skoeisel	[skuisəl]
Kleidung (f)	klere	[klerə]
Kosmetik (f)	kosmetika	[kosmetika]
Lebensmittel (pl)	voedingsware	[fudiŋs·warə]
Geschenk (n)	present	[present]

Verkäufer (m)	verkoper	[ferkopər]
Verkäuferin (f)	verkoopsdame	[ferkoəps·damə]
Kasse (f)	kassier	[kassir]
Spiegel (m)	spieël	[spiɛl]

| Ladentisch (m) | toonbank | [toən·bank] |
| Umkleidekabine (f) | paskamer | [pas·kamər] |

anprobieren (vt)	aanpas	[ānpas]
passen (Schuhe, Kleid)	pas	[pas]
gefallen (vi)	hou van	[hæʊ fan]

Preis (m)	prys	[prajs]
Preisschild (n)	pryskaartjie	[prajs·kārki]
kosten (vt)	kos	[kos]
Wie viel?	Hoeveel?	[hufeəl?]
Rabatt (m)	afslag	[afslaχ]

preiswert	billik	[billik]
billig	goedkoop	[χudkoəp]
teuer	duur	[dɪr]
Das ist teuer	dis duur	[dis dɪr]

Verleih (m)	verhuur	[ferhɪr]
leihen, mieten (ein Auto usw.)	verhuur	[ferhɪr]
Kredit (m), Darlehen (n)	krediet	[kredit]
auf Kredit	op krediet	[op kredit]

KLEIDUNG & ACCESSOIRES

32. Oberbekleidung. Mäntel

Kleidung (f)	klere	[klerə]
Oberkleidung (f)	oorklere	[oərklerə]
Winterkleidung (f)	winterklere	[vintər·klerə]
Mantel (m)	jas	[jas]
Pelzmantel (m)	pelsjas	[pelʃas]
Pelzjacke (f)	kort pelsjas	[kort pelʃas]
Daunenjacke (f)	donsjas	[donʃas]
Jacke (z.B. Lederjacke)	baadjie	[bādʒi]
Regenmantel (m)	reënjas	[rɛnjas]
wasserdicht	waterdig	[vatərdeχ]

33. Herren- & Damenbekleidung

Hemd (n)	hemp	[hemp]
Hose (f)	broek	[bruk]
Jeans (pl)	denimbroek	[denim·bruk]
Jackett (n)	baadjie	[bādʒi]
Anzug (m)	pak	[pak]
Damenkleid (n)	rok	[rok]
Rock (m)	romp	[romp]
Bluse (f)	bloes	[blus]
Strickjacke (f)	gebreide baadjie	[χebræjdə bādʒi]
Jacke (Damen Kostüm)	baadjie	[bādʒi]
T-Shirt (n)	T-hemp	[te-hemp]
Shorts (pl)	kortbroek	[kort·bruk]
Sportanzug (m)	sweetpak	[sweet·pak]
Bademantel (m)	badjas	[batjas]
Schlafanzug (m)	pajama	[pajama]
Sweater (m)	trui	[trœi]
Pullover (m)	trui	[trœi]
Weste (f)	onderbaadjie	[ondər·bādʒi]
Frack (m)	swaelstertbaadjie	[swaɛlstert·bādʒi]
Smoking (m)	aandpak	[āntpak]
Uniform (f)	uniform	[uniform]
Arbeitskleidung (f)	werksklere	[verks·klerə]
Overall (m)	oorpak	[oərpak]
Kittel (z.B. Arztkittel)	jas	[jas]

41

34. Kleidung. Unterwäsche

Unterwäsche (f)	onderklere	[ondərklerə]
Herrenslip (m)	onderbroek	[ondərbruk]
Damenslip (m)	onderbroek	[ondərbruk]
Unterhemd (n)	frokkie	[frɔkki]
Socken (pl)	sokkies	[sokkis]
Nachthemd (n)	nagrok	[naχrok]
Büstenhalter (m)	bra	[bra]
Kniestrümpfe (pl)	kniekouse	[kni·kæʊsə]
Strumpfhose (f)	kousbroek	[kæʊsbruk]
Strümpfe (pl)	kouse	[kæʊsə]
Badeanzug (m)	baaikostuum	[bāj·kostɪm]

35. Kopfbekleidung

Mütze (f)	hoed	[hut]
Filzhut (m)	hoed	[hut]
Baseballkappe (f)	bofbalpet	[bofbal·pet]
Schiebermütze (f)	pet	[pet]
Baskenmütze (f)	mus	[mus]
Kapuze (f)	kap	[kap]
Panamahut (m)	panamahoed	[panama·hut]
Strickmütze (f)	gebreide mus	[χebræjdə mus]
Kopftuch (n)	kopdoek	[kopduk]
Damenhut (m)	dameshoed	[dames·hut]
Schutzhelm (m)	veiligheidshelm	[fæjliχæjts·hɛlm]
Feldmütze (f)	mus	[mus]
Helm (z.B. Motorradhelm)	helmet	[hɛlmet]
Melone (f)	bolhoed	[bolhut]
Zylinder (m)	hoëhoed	[hoɛhut]

36. Schuhwerk

Schuhe (pl)	skoeisel	[skuisəl]
Stiefeletten (pl)	mansskoene	[maŋs·skunə]
Halbschuhe (pl)	damesskoene	[dames·skunə]
Stiefel (pl)	laarse	[lārsə]
Hausschuhe (pl)	pantoffels	[pantoffəls]
Tennisschuhe (pl)	tennisskoene	[tɛnnis·skunə]
Leinenschuhe (pl)	tekkies	[tɛkkis]
Sandalen (pl)	sandale	[sandalə]
Schuster (m)	skoenmaker	[skun·makər]
Absatz (m)	hak	[hak]

Paar (n)	paar	[pãr]
Schnürsenkel (m)	skoenveter	[skun·fetər]
schnüren (vt)	ryg	[rajχ]
Schuhlöffel (m)	skoenlepel	[skun·lepəl]
Schuhcreme (f)	skoenpolitoer	[skun·politur]

37. Persönliche Accessoires

Handschuhe (pl)	handskoene	[handskunə]
Fausthandschuhe (pl)	duimhandskoene	[dœim·handskunə]
Schal (Kaschmir-)	serp	[serp]

Brille (f)	bril	[bril]
Brillengestell (n)	raam	[rãm]
Regenschirm (m)	sambreel	[sambreəl]
Spazierstock (m)	wandelstok	[vandəl·stok]
Haarbürste (f)	haarborsel	[hãr·borsəl]
Fächer (m)	waaier	[vãjer]

Krawatte (f)	das	[das]
Fliege (f)	strikkie	[strikki]
Hosenträger (pl)	kruisbande	[krœis·bandə]
Taschentuch (n)	sakdoek	[sakduk]

Kamm (m)	kam	[kam]
Haarspange (f)	haarspeld	[hãrs·pɛlt]
Haarnadel (f)	haarpen	[hãr·pen]
Schnalle (f)	gespe	[χespə]

Gürtel (m)	belt	[bɛlt]
Umhängegurt (m)	skouerband	[skæuer·bant]

Tasche (f)	handsak	[hand·sak]
Handtasche (f)	beursie	[bøərsi]
Rucksack (m)	rugsak	[ruχsak]

38. Kleidung. Verschiedenes

Mode (f)	mode	[modə]
modisch	in die mode	[in di modə]
Modedesigner (m)	modeontwerper	[modə·ontwerpər]

Kragen (m)	kraag	[krãχ]
Tasche (f)	sak	[sak]
Taschen-	sak-	[sak-]
Ärmel (m)	mou	[mæʊ]
Aufhänger (m)	lussie	[lussi]
Hosenschlitz (m)	gulp	[χulp]

Reißverschluss (m)	ritssluiter	[rits·slœitər]
Verschluss (m)	vasmaker	[fasmakər]
Knopf (m)	knoop	[knoəp]

Knopfloch (n)	knoopsgat	[knoəps·χat]
abgehen (Knopf usw.)	loskom	[loskom]

nähen (vi, vt)	naai	[nãi]
sticken (vt)	borduur	[bordɪr]
Stickerei (f)	borduurwerk	[bordɪr·werk]
Nadel (f)	naald	[nãlt]
Faden (m)	garing	[χariŋ]
Naht (f)	soom	[soəm]

sich beschmutzen	vuil word	[fœil vort]
Fleck (m)	vlek	[flek]
sich knittern	kreukel	[krøəkəl]
zerreißen (vt)	skeur	[skøər]
Motte (f)	mot	[mot]

39. Kosmetikartikel. Kosmetik

Zahnpasta (f)	tandepasta	[tandə·pasta]
Zahnbürste (f)	tandeborsel	[tandə·borsəl]
Zähne putzen	tande borsel	[tandə borsəl]

Rasierer (m)	skeermes	[skeər·mes]
Rasiercreme (f)	skeerroom	[skeər·roəm]
sich rasieren	skeer	[skeər]

Seife (f)	seep	[seəp]
Shampoo (n)	sjampoe	[ʃampu]

Schere (f)	skêr	[skæɾ]
Nagelfeile (f)	naelvyl	[naɛl·fajl]
Nagelzange (f)	naelknipper	[naɛl·knippər]
Pinzette (f)	haartangetjie	[hãrtaŋəki]

Kosmetik (f)	kosmetika	[kosmetika]
Gesichtsmaske (f)	gesigmasker	[χesiχ·maskər]
Maniküre (f)	manikuur	[manikɪr]
Maniküre machen	laat manikuur	[lãt manikɪr]
Pediküre (f)	voetbehandeling	[fut·behandeliŋ]

Kosmetiktasche (f)	kosmetika tassie	[kosmetika tassi]
Puder (m)	gesigpoeier	[χesiχ·pujer]
Puderdose (f)	poeierdosie	[pujer·dosi]
Rouge (n)	blosser	[blossər]

Parfüm (n)	parfuum	[parfɪm]
Duftwasser (n)	reukwater	[røək·vatər]
Lotion (f)	vloeiroom	[flui·roəm]
Kölnischwasser (n)	reukwater	[røək·vatər]

Lidschatten (m)	oogskadu	[oəχ·skadu]
Kajalstift (m)	oogomlyner	[oəχ·omlajnər]
Wimperntusche (f)	maskara	[maskara]
Lippenstift (m)	lipstiffie	[lip·stiffi]

Nagellack (m)	naellak	[naɛl·lak]
Haarlack (m)	haarsproei	[hārs·prui]
Deodorant (n)	reukweermiddel	[røək·veərmiddəl]

Creme (f)	room	[roəm]
Gesichtscreme (f)	gesigroom	[χesiχ·roəm]
Handcreme (f)	handroom	[hand·roəm]
Anti-Falten-Creme (f)	antirimpelroom	[antirimpəl·roəm]
Tagescreme (f)	dagroom	[daχ·roəm]
Nachtcreme (f)	nagroom	[naχ·roəm]
Tages-	dag-	[daχ-]
Nacht-	nag-	[naχ-]

Tampon (m)	tampon	[tampon]
Toilettenpapier (n)	toiletpapier	[tojlet·papir]
Föhn (m)	haardroër	[hār·droɛr]

40. Armbanduhren Uhren

Armbanduhr (f)	polshorlosie	[pols·horlosi]
Zifferblatt (n)	wyserplaat	[vajsər·plāt]
Zeiger (m)	wyster	[vajstər]
Metallarmband (n)	metaal horlosiebandjie	[metāl horlosi·bandʒi]
Uhrenarmband (n)	horlosiebandjie	[horlosi·bandʒi]

Batterie (f)	battery	[battəraj]
verbraucht sein	pap wees	[pap veəs]
vorgehen (vi)	voorloop	[foərloəp]
nachgehen (vi)	agterloop	[aχtərloəp]

Wanduhr (f)	muurhorlosie	[mɪr·horlosi]
Sanduhr (f)	uurglas	[ɪr·χlas]
Sonnenuhr (f)	sonwyser	[son·wajsər]
Wecker (m)	wekker	[vɛkkər]
Uhrmacher (m)	horlosiemaker	[horlosi·makər]
reparieren (vt)	herstel	[herstəl]

ALLTAGSERFAHRUNG

41. Geld

Deutsch	Afrikaans	Aussprache
Geld (n)	geld	[χɛlt]
Austausch (m)	valutaruil	[faluta·rœil]
Kurs (m)	wisselkoers	[vissəl·kurs]
Geldautomat (m)	OTM	[o·te·em]
Münze (f)	muntstuk	[muntstuk]
Dollar (m)	dollar	[dollar]
Euro (m)	euro	[øəro]
Lira (f)	lira	[lira]
Mark (f)	Duitse mark	[dœitsə mark]
Franken (m)	frank	[frank]
Pfund Sterling (n)	pond sterling	[pont sterliŋ]
Yen (m)	yen	[jɛn]
Schulden (pl)	skuld	[skult]
Schuldner (m)	skuldenaar	[skuldenãr]
leihen (vt)	uitleen	[œitleən]
leihen, borgen (Geld usw.)	leen	[leən]
Bank (f)	bank	[bank]
Konto (n)	rekening	[rekəniŋ]
einzahlen (vt)	deponeer	[deponeər]
abheben (vt)	trek	[trek]
Kreditkarte (f)	kredietkaart	[kredit·kãrt]
Bargeld (n)	kontant	[kontant]
Scheck (m)	tjek	[ʧek]
Scheckbuch (n)	tjekboek	[ʧek·buk]
Geldtasche (f)	beursie	[bøərsi]
Geldbeutel (m)	muntstukbeursie	[muntstuk·bøərsi]
Safe (m)	brandkas	[brant·kas]
Erbe (m)	erfgenaam	[ɛrfχənãm]
Erbschaft (f)	erfenis	[ɛrfenis]
Vermögen (n)	fortuin	[fortœin]
Pacht (f)	huur	[hɪr]
Miete (f)	huur	[hɪr]
mieten (vt)	huur	[hɪr]
Preis (m)	prys	[prajs]
Kosten (pl)	prys	[prajs]
Summe (f)	som	[som]
ausgeben (vt)	spandeer	[spandeər]

Ausgaben (pl)	onkoste	[onkostə]
sparen (vt)	besuinig	[besœinəχ]
sparsam	ekonomies	[ɛkonomis]

zahlen (vt)	betaal	[betāl]
Lohn (m)	betaling	[betaliŋ]
Wechselgeld (n)	wisselgeld	[vissəl·χɛlt]

Steuer (f)	belasting	[belastiŋ]
Geldstrafe (f)	boete	[butə]
bestrafen (vt)	beboet	[bebut]

42. Post. Postdienst

Post (Postamt)	poskantoor	[pos·kantoər]
Post (Postsendungen)	pos	[pos]
Briefträger (m)	posbode	[pos·bodə]
Öffnungszeiten (pl)	besigheidsure	[besiχæjts·urə]

Brief (m)	brief	[brif]
Einschreibebrief (m)	geregistreerde brief	[χereχistreərdə brif]
Postkarte (f)	poskaart	[pos·kārt]
Telegramm (n)	telegram	[teleχram]
Postpaket (n)	pakkie	[pakki]
Geldanweisung (f)	geldoorplasing	[χɛld·oərplasiŋ]

bekommen (vt)	ontvang	[ontfaŋ]
abschicken (vt)	stuur	[stɪr]
Absendung (f)	versending	[fersendiŋ]

Postanschrift (f)	adres	[adres]
Postleitzahl (f)	poskode	[pos·kodə]
Absender (m)	sender	[sendər]
Empfänger (m)	ontvanger	[ontfaŋər]

| Vorname (m) | voornaam | [foərnām] |
| Nachname (m) | van | [fan] |

Tarif (m)	postarief	[pos·tarif]
Standard- (Tarif)	standaard	[standārt]
Spar- (-tarif)	ekonomies	[ɛkonomis]

Gewicht (n)	gewig	[χeveχ]
abwiegen (vt)	weeg	[veeχ]
Briefumschlag (m)	koevert	[kufert]
Briefmarke (f)	posseël	[pos·seɛl]

43. Bankgeschäft

Bank (f)	bank	[bank]
Filiale (f)	tak	[tak]
Berater (m)	bankklerk	[bank·klerk]

Leiter (m)	bestuurder	[bestɪrdər]
Konto (n)	bankrekening	[bank·rekəniŋ]
Kontonummer (f)	rekeningnommer	[rekəniŋ·nommər]
Kontokorrent (n)	tjekrekening	[ʧek·rekəniŋ]
Sparkonto (n)	spaarrekening	[spār·rekəniŋ]

| das Konto schließen | die rekening sluit | [di rekəniŋ slœit] |
| abheben (vt) | trek | [trek] |

Einzahlung (f)	deposito	[deposito]
Überweisung (f)	telegrafiese oorplasing	[teleχrafisə oərplasiŋ]
überweisen (vt)	oorplaas	[oərplās]

| Summe (f) | som | [som] |
| Wieviel? | Hoeveel? | [hufeəl?] |

| Unterschrift (f) | handtekening | [hand·tekəniŋ] |
| unterschreiben (vt) | onderteken | [ondərtekən] |

Kreditkarte (f)	kredietkaart	[kredit·kārt]
Code (m)	kode	[kodə]
Kreditkartennummer (f)	kredietkaartnommer	[kredit·kārt·nommər]
Geldautomat (m)	OTM	[o·te·em]

| Scheck (m) | tjek | [ʧek] |
| Scheckbuch (n) | tjekboek | [ʧek·buk] |

| Darlehen (m) | lening | [leniŋ] |
| Sicherheit (f) | waarborg | [vārborχ] |

44. Telefon. Telefongespräche

Telefon (n)	telefoon	[telefoən]
Mobiltelefon (n)	selfoon	[sɛlfoən]
Anrufbeantworter (m)	antwoordmasjien	[antwoərt·maʃin]

| anrufen (vt) | bel | [bəl] |
| Anruf (m) | oproep | [oprup] |

Hallo!	Hallo!	[hallo!]
fragen (vt)	vra	[fra]
antworten (vi)	antwoord	[antwoərt]

hören (vt)	hoor	[hoər]
gut (~ aussehen)	goed	[χut]
schlecht (Adv)	nie goed nie	[ni χut ni]
Störungen (pl)	steurings	[støəriŋs]

Hörer (m)	gehoorstuk	[χehoərstuk]
den Hörer abnehmen	optel	[optəl]
auflegen (den Hörer ~)	afskakel	[afskakəl]

| besetzt | besig | [besəχ] |
| läuten (vi) | lui | [lœi] |

Telefonbuch (n)	telefoongids	[telefoən·χids]
Orts-	lokale	[lokalə]
Ortsgespräch (n)	lokale oproep	[lokalə oprup]
Auslands-	internasionale	[internaʃionalə]
Auslandsgespräch (n)	internasionale oproep	[internaʃionalə oprup]
Fern-	langafstand	[lanχ·afstant]
Ferngespräch (n)	langafstand oproep	[lanχ·afstant oprup]

45. Mobiltelefon

Mobiltelefon (n)	selfoon	[sɛlfoən]
Display (n)	skerm	[skerm]
Knopf (m)	knoppie	[knoppi]
SIM-Karte (f)	SIMkaart	[sim·kãrt]

Batterie (f)	battery	[battəraj]
leer sein (Batterie)	pap wees	[pap veəs]
Ladegerät (n)	batterylaaier	[battəraj·lajer]

Menü (n)	spyskaart	[spajs·kãrt]
Einstellungen (pl)	instellings	[instɛlliŋs]
Melodie (f)	wysie	[vajsi]
auswählen (vt)	kies	[kis]

Rechner (m)	sakrekenaar	[sakrekənãr]
Anrufbeantworter (m)	stempos	[stem·pos]
Wecker (m)	wekker	[vɛkkər]
Kontakte (pl)	kontakte	[kontaktə]

| SMS-Nachricht (f) | SMS | [es·em·es] |
| Teilnehmer (m) | intekenaar | [intekənãr] |

46. Bürobedarf

| Kugelschreiber (m) | bolpen | [bol·pen] |
| Federhalter (m) | vulpen | [ful·pen] |

Bleistift (m)	potlood	[potloət]
Faserschreiber (m)	merkpen	[merk·pen]
Filzstift (m)	viltpen	[filt·pen]

| Notizblock (m) | notaboekie | [nota·buki] |
| Terminkalender (m) | dagboek | [daχ·buk] |

Lineal (n)	liniaal	[liniãl]
Rechner (m)	sakrekenaar	[sakrekənãr]
Radiergummi (m)	uitveër	[œitfeɛr]
Reißzwecke (f)	duimspyker	[dœim·spajkər]
Heftklammer (f)	skuifspeld	[skœif·spɛlt]

| Klebstoff (m) | gom | [χom] |
| Hefter (m) | krammasjien | [kram·maʃin] |

| Locher (m) | ponsmasjien | [pɔŋs·maʃin] |
| Bleistiftspitzer (m) | skerpmaker | [skerp·makər] |

47. Fremdsprachen

Sprache (f)	taal	[tāl]
Fremd-	vreemd	[freəmt]
Fremdsprache (f)	vreemde taal	[freəmdə tāl]
studieren (z.B. Jura ~)	studeer	[studeər]
lernen (Englisch ~)	leer	[leər]

lesen (vi, vt)	lees	[leəs]
sprechen (vi, vt)	praat	[prāt]
verstehen (vt)	verstaan	[ferstān]
schreiben (vi, vt)	skryf	[skrajf]

schnell (Adv)	vinnig	[finnəχ]
langsam (Adv)	stadig	[stadəχ]
fließend (Adv)	vlot	[flot]

Regeln (pl)	reëls	[reɛls]
Grammatik (f)	grammatika	[χrammatika]
Vokabular (n)	woordeskat	[voərdeskat]
Phonetik (f)	fonetika	[fonetika]

Lehrbuch (n)	handboek	[hand·buk]
Wörterbuch (n)	woordeboek	[voərdə·buk]
Selbstlernbuch (n)	selfstudie boek	[sɛlfstudi buk]
Sprachführer (m)	taalgids	[tāl·χids]

Kassette (f)	kasset	[kasset]
Videokassette (f)	videoband	[video·bant]
CD (f)	CD	[se·de]
DVD (f)	DVD	[de·fe·de]

Alphabet (n)	alfabet	[alfabet]
buchstabieren (vt)	spel	[spel]
Aussprache (f)	uitspraak	[œitsprāk]
Akzent (m)	aksent	[aksent]

| Wort (n) | woord | [voərt] |
| Bedeutung (f) | betekenis | [betekənis] |

Kurse (pl)	kursus	[kursus]
sich einschreiben	inskryf	[inskrajf]
Lehrer (m)	onderwyser	[ondərwajsər]

Übertragung (f)	vertaling	[fertaliŋ]
Übersetzung (f)	vertaling	[fertaliŋ]
Übersetzer (m)	vertaler	[fertalər]
Dolmetscher (m)	tolk	[tolk]

| Polyglott (m, f) | poliglot | [poliχlot] |
| Gedächtnis (n) | geheue | [χəhøə] |

MAHLZEITEN. RESTAURANT

48. Gedeck

Löffel (m)	lepel	[lepəl]
Messer (n)	mes	[mes]
Gabel (f)	vurk	[furk]
Tasse (eine ~ Tee)	koppie	[koppi]
Teller (m)	bord	[bort]
Untertasse (f)	piering	[piriŋ]
Serviette (f)	servet	[serfət]
Zahnstocher (m)	tandestokkie	[tandə·stokki]

49. Restaurant

Restaurant (n)	restaurant	[restɔurant]
Kaffeehaus (n)	koffiekroeg	[koffi·kruχ]
Bar (f)	kroeg	[kruχ]
Teesalon (m)	teekamer	[teə·kamər]
Kellner (m)	kelner	[kɛlnər]
Kellnerin (f)	kelnerin	[kɛlnərin]
Barmixer (m)	kroegman	[kruχman]
Speisekarte (f)	spyskaart	[spajs·kārt]
Weinkarte (f)	wyn	[vajn]
einen Tisch reservieren	wynkaart	[vajn·kārt]
Gericht (n)	gereg	[χerəχ]
bestellen (vt)	bestel	[bestəl]
eine Bestellung aufgeben	bestel	[bestəl]
Aperitif (m)	drankie	[dranki]
Vorspeise (f)	voorgereg	[foərχerəχ]
Nachtisch (m)	nagereg	[naχerəχ]
Rechnung (f)	rekening	[rekəniŋ]
Rechnung bezahlen	die rekening betaal	[di rekəniŋ betāl]
das Wechselgeld geben	kleingeld gee	[klæjn·χɛlt χeə]
Trinkgeld (n)	fooitjie	[fojki]

50. Mahlzeiten

Essen (n)	kos	[kos]
essen (vi, vt)	eet	[eət]

Frühstück (n)	ontbyt	[ontbajt]
frühstücken (vi)	ontbyt	[ontbajt]
Mittagessen (n)	middagete	[middaχ·etə]
zu Mittag essen	gaan eet	[χān eət]
Abendessen (n)	aandete	[āndetə]
zu Abend essen	aandete gebruik	[āndetə χebrœik]

Appetit (m)	aptyt	[aptajt]
Guten Appetit!	Smaaklike ete!	[smāklikə etə!]

öffnen (vt)	oopmaak	[oəpmāk]
verschütten (vt)	mors	[mors]
verschüttet werden	mors	[mors]

kochen (vi)	kook	[koək]
kochen (Wasser ~)	kook	[koək]
gekocht (Adj)	gekook	[χekoək]
kühlen (vt)	laat afkoel	[lāt afkul]
abkühlen (vi)	afkoel	[afkul]

Geschmack (m)	smaak	[smāk]
Beigeschmack (m)	nasmaak	[nasmāk]

auf Diät sein	vermaer	[fermaər]
Diät (f)	dieet	[diət]
Vitamin (n)	vitamien	[fitamin]
Kalorie (f)	kalorie	[kalori]
Vegetarier (m)	vegetariër	[feχetariɛr]
vegetarisch (Adj)	vegetaries	[feχetaris]

Fett (n)	vette	[fɛttə]
Protein (n)	proteïen	[proteïen]
Kohlenhydrat (n)	koolhidrate	[koəlhidratə]

Scheibchen (n)	snytjie	[snajki]
Stück (ein ~ Kuchen)	stuk	[stuk]
Krümel (m)	krummel	[krumməl]

51. Gerichte

Gericht (n)	gereg	[χerəχ]
Küche (f)	kookkuns	[koək·kuns]
Rezept (n)	resep	[resep]
Portion (f)	porsie	[porsi]

Salat (m)	slaai	[slāi]
Suppe (f)	sop	[sop]

Brühe (f), Bouillon (f)	helder sop	[hɛldər sop]
belegtes Brot (n)	toebroodjie	[tubroədʒi]
Spiegelei (n)	gabakte eiers	[χabaktə æjers]

Hamburger (m)	hamburger	[hamburχər]
Beefsteak (n)	biefstuk	[bifstuk]

Beilage (f)	sygereg	[saj·χerəχ]
Spaghetti (pl)	spaghetti	[spaχɛtti]
Kartoffelpüree (n)	kapokaartappels	[kapok·ãrtappəls]
Pizza (f)	pizza	[pizza]
Brei (m)	pap	[pap]
Omelett (n)	omelet	[oməlet]

gekocht	gekook	[χekoək]
geräuchert	gerook	[χeroək]
gebraten	gebak	[χebak]
getrocknet	gedroog	[χedroəχ]
tiefgekühlt	gevries	[χefris]
mariniert	gepiekel	[χepikəl]

süß	soet	[sut]
salzig	sout	[sæʊt]
kalt	koud	[kæʊt]
heiß	warm	[varm]
bitter	bitter	[bittər]
lecker	smaaklik	[smãklik]

kochen (vt)	kook in water	[koək in vatər]
zubereiten (vt)	kook	[koək]
braten (vt)	braai	[braj]
aufwärmen (vt)	opwarm	[opwarm]

salzen (vt)	sout	[sæʊt]
pfeffern (vt)	peper	[pepər]
reiben (vt)	rasp	[rasp]
Schale (f)	skil	[skil]
schälen (vt)	skil	[skil]

52. Essen

Fleisch (n)	vleis	[flæjs]
Hühnerfleisch (n)	hoender	[hundər]
Küken (n)	braaikuiken	[brãj·kœiken]
Ente (f)	eend	[eent]
Gans (f)	gans	[χaŋs]
Wild (n)	wild	[vilt]
Pute (f)	kalkoen	[kalkun]

Schweinefleisch (n)	varkvleis	[fark·flæjs]
Kalbfleisch (n)	kalfsvleis	[kalfs·flæjs]
Hammelfleisch (n)	lamsvleis	[lams·flæjs]
Rindfleisch (n)	beesvleis	[beəs·flæjs]
Kaninchenfleisch (n)	konynvleis	[konajn·flæjs]

Wurst (f)	wors	[vors]
Würstchen (n)	Weense worsie	[veɛŋsə vorsi]
Schinkenspeck (m)	spek	[spek]
Schinken (m)	ham	[ham]
Räucherschinken (m)	gerookte ham	[χeroəktə ham]
Pastete (f)	patee	[pateə]

Leber (f)	lewer	[levər]
Hackfleisch (n)	maalvleis	[māl·flæjs]
Zunge (f)	tong	[toŋ]

Ei (n)	eier	[æjer]
Eier (pl)	eiers	[æjers]
Eiweiß (n)	eierwit	[æjer·wit]
Eigelb (n)	dooier	[dojer]

Fisch (m)	vis	[fis]
Meeresfrüchte (pl)	seekos	[see·kos]
Krebstiere (pl)	skaaldiere	[skāldirə]
Kaviar (m)	kaviaar	[kafiār]

Krabbe (f)	krab	[krap]
Garnele (f)	garnaal	[χarnāl]
Auster (f)	oester	[ustər]
Languste (f)	seekreef	[see·kreəf]
Krake (m)	seekat	[see·kat]
Kalmar (m)	pylinkvis	[pajl·inkfis]

Störfleisch (n)	steur	[støər]
Lachs (m)	salm	[salm]
Heilbutt (m)	heilbot	[hæjlbot]

Dorsch (m)	kabeljou	[kabeljæʊ]
Makrele (f)	makriel	[makril]
Tunfisch (m)	tuna	[tuna]
Aal (m)	paling	[paliŋ]

Forelle (f)	forel	[forəl]
Sardine (f)	sardyn	[sardajn]
Hecht (m)	varswatersnoek	[farswatər·snuk]
Hering (m)	haring	[hariŋ]

Brot (n)	brood	[broət]
Käse (m)	kaas	[kās]
Zucker (m)	suiker	[sœikər]
Salz (n)	sout	[sæʊt]

Reis (m)	rys	[rajs]
Teigwaren (pl)	pasta	[pasta]
Nudeln (pl)	noedels	[nudɛls]

Butter (f)	botter	[bottər]
Pflanzenöl (n)	plantaardige olie	[plantārdiχə oli]
Sonnenblumenöl (n)	sonblomolie	[sonblom·oli]
Margarine (f)	margarien	[marχarin]

| Oliven (pl) | olywe | [olajvə] |
| Olivenöl (n) | olyfolie | [olajf·oli] |

Milch (f)	melk	[melk]
Kondensmilch (f)	kondensmelk	[kondɛŋs·melk]
Joghurt (m)	jogurt	[joχurt]
saure Sahne (f)	suurroom	[sɪr·roəm]

Sahne (f)	room	[roəm]
Mayonnaise (f)	mayonnaise	[majonɛs]
Buttercreme (f)	crème	[krɛm]

Grütze (f)	ontbytgraan	[ontbajt·χrān]
Mehl (n)	meelblom	[meəl·blom]
Konserven (pl)	blikkieskos	[blikkis·kos]

Maisflocken (pl)	mielievlokkies	[mili·flokkis]
Honig (m)	heuning	[høəniŋ]
Marmelade (f)	konfyt	[konfajt]
Kaugummi (m, n)	kougom	[kæʊχom]

53. Getränke

Wasser (n)	water	[vatər]
Trinkwasser (n)	drinkwater	[drink·vatər]
Mineralwasser (n)	mineraalwater	[minerāl·vatər]

still	sonder gas	[sondər χas]
mit Kohlensäure	soda-	[soda-]
mit Gas	bruis-	[brœis-]
Eis (n)	ys	[ajs]
mit Eis	met ys	[met ajs]

alkoholfrei (Adj)	nie-alkoholies	[ni-alkoholis]
alkoholfreies Getränk (n)	koeldrank	[kul·drank]
Erfrischungsgetränk (n)	verfrissende drank	[ferfrissendə drank]
Limonade (f)	limonade	[limonadə]

Spirituosen (pl)	likeure	[likøərə]
Wein (m)	wyn	[vajn]
Weißwein (m)	witwyn	[vit·vajn]
Rotwein (m)	rooiwyn	[roj·vajn]

Likör (m)	likeur	[likøər]
Champagner (m)	sjampanje	[ʃampanje]
Wermut (m)	vermoet	[fermut]

Whisky (m)	whisky	[vhiskaj]
Wodka (m)	vodka	[fodka]
Gin (m)	jenever	[jenefər]
Kognak (m)	brandewyn	[brandə·vajn]
Rum (m)	rum	[rum]

Kaffee (m)	koffie	[koffi]
schwarzer Kaffee (m)	swart koffie	[swart koffi]
Milchkaffee (m)	koffie met melk	[koffi met melk]
Cappuccino (m)	capuccino	[kaputʃino]
Pulverkaffee (m)	poeierkoffie	[pujer·koffi]

Milch (f)	melk	[melk]
Cocktail (m)	mengeldrankie	[menχəl·dranki]
Milchcocktail (m)	melkskommel	[melk·skomməl]

Saft (m)	sap	[sap]
Tomatensaft (m)	tamatiesap	[tamati·sap]
Orangensaft (m)	lemoensap	[lemoən·sap]
frisch gepresster Saft (m)	vars geparste sap	[fars χeparstə sap]

Bier (n)	bier	[bir]
Helles (n)	ligte bier	[liχtə bir]
Dunkelbier (n)	donker bier	[donkər bir]

Tee (m)	tee	[teə]
schwarzer Tee (m)	swart tee	[swart teə]
grüner Tee (m)	groen tee	[χrun teə]

54. Gemüse

Gemüse (n)	groente	[χruntə]
grünes Gemüse (pl)	groente	[χruntə]

Tomate (f)	tamatie	[tamati]
Gurke (f)	komkommer	[komkommər]
Karotte (f)	wortel	[vortəl]
Kartoffel (f)	aartappel	[ārtappəl]
Zwiebel (f)	ui	[œi]
Knoblauch (m)	knoffel	[knoffəl]

Kohl (m)	kool	[koəl]
Blumenkohl (m)	blomkool	[blom·koəl]
Rosenkohl (m)	Brusselspruite	[brussɛl·sprœitə]
Brokkoli (m)	broccoli	[brokoli]

Rote Bete (f)	beet	[beət]
Aubergine (f)	eiervrug	[æjerfruχ]
Zucchini (f)	vingerskorsie	[fiŋər·skorsi]

Kürbis (m)	pampoen	[pampun]
Rübe (f)	raap	[rāp]

Petersilie (f)	pietersielie	[pitərsili]
Dill (m)	dille	[dillə]
Kopf Salat (m)	slaai	[slāi]
Sellerie (m)	seldery	[selderaj]

Spargel (m)	aspersie	[aspersi]
Spinat (m)	spinasie	[spinasi]

Erbse (f)	ertjie	[ɛrki]
Bohnen (pl)	boontjies	[boənkis]

Mais (m)	mielie	[mili]
weiße Bohne (f)	nierboontjie	[nir·boənki]

Paprika (m)	paprika	[paprika]
Radieschen (n)	radys	[radajs]
Artischocke (f)	artisjok	[artiʃok]

55. Obst. Nüsse

Frucht (f)	vrugte	[fruχtə]
Apfel (m)	appel	[appəl]
Birne (f)	peer	[peər]
Zitrone (f)	suurlemoen	[sɪr·lemun]
Apfelsine (f)	lemoen	[lemun]
Erdbeere (f)	aarbei	[ārbæj]
Mandarine (f)	nartjie	[narki]
Pflaume (f)	pruim	[prœim]
Pfirsich (m)	perske	[perskə]
Aprikose (f)	appelkoos	[appɛlkoəs]
Himbeere (f)	framboos	[framboəs]
Ananas (f)	pynappel	[pajnappəl]
Banane (f)	piesang	[pisaŋ]
Wassermelone (f)	waatlemoen	[vātlemun]
Weintrauben (pl)	druif	[drœif]
Kirsche (f)	kersie	[kersi]
Sauerkirsche (f)	suurkersie	[sɪr·kersi]
Süßkirsche (f)	soetkersie	[sut·kersi]
Melone (f)	spanspek	[spaŋspek]
Grapefruit (f)	pomelo	[pomelo]
Avocado (f)	avokado	[afokado]
Papaya (f)	papaja	[papaja]
Mango (f)	mango	[manχo]
Granatapfel (m)	granaat	[χranāt]
rote Johannisbeere (f)	rooi aalbessie	[roj ālbɛssi]
schwarze Johannisbeere (f)	swartbessie	[swartbɛssi]
Stachelbeere (f)	appelliefie	[appɛllifi]
Heidelbeere (f)	bosbessie	[bosbɛssi]
Brombeere (f)	braambessie	[brāmbɛssi]
Rosinen (pl)	rosyntjie	[rosajnki]
Feige (f)	vy	[faj]
Dattel (f)	dadel	[dadəl]
Erdnuss (f)	grondboontjie	[χront·boənki]
Mandel (f)	amandel	[amandəl]
Walnuss (f)	okkerneut	[okkər·nøət]
Haselnuss (f)	haselneut	[hasɛl·nøət]
Kokosnuss (f)	klapper	[klappər]
Pistazien (pl)	pistachio	[pistatʃio]

56. Brot. Süßigkeiten

Konditorwaren (pl)	soet gebak	[sut χebak]
Brot (n)	brood	[broət]
Keks (m, n)	koekies	[kukis]
Schokolade (f)	sjokolade	[ʃokoladə]

Schokoladen-Bonbon (m, n)	lekkers	[lɛkkərs]
Kuchen (m)	koek	[kuk]
Torte (f)	koek	[kuk]

Schokoladen- sjokolade [ʃokoladə]

Kuchen (Apfel-)	pastei	[pastæj]
Füllung (f)	vulsel	[fulsəl]

Konfitüre (f)	konfyt	[konfajt]
Marmelade (f)	marmelade	[marmeladə]
Waffeln (pl)	wafels	[vafɛls]
Eis (n)	roomys	[roəm·ajs]
Pudding (m)	poeding	[pudiŋ]

57. Gewürze

Salz (n)	sout	[sæʊt]
salzig (Adj)	sout	[sæʊt]
salzen (vt)	sout	[sæʊt]

schwarzer Pfeffer (m)	swart peper	[swart pepər]
roter Pfeffer (m)	rooi peper	[roj pepər]
Senf (m)	mosterd	[mostert]
Meerrettich (m)	peperwortel	[peper·wortəl]

Gewürz (n)	smaakmiddel	[smāk·middəl]
Gewürz (n)	spesery	[spesəraj]
Soße (f)	sous	[sæʊs]
Essig (m)	asyn	[asajn]

Anis (m)	anys	[anajs]
Basilikum (n)	basilikum	[basilikum]
Nelke (f)	naeltjies	[naɛlkis]
Ingwer (m)	gemmer	[χemmər]
Koriander (m)	koljander	[koljandər]
Zimt (m)	kaneel	[kaneəl]

Sesam (m)	sesamsaad	[sesam·sāt]
Lorbeerblatt (n)	lourierblaar	[læʊrir·blār]
Paprika (m)	paprika	[paprika]
Kümmel (m)	komynsaad	[komajnsāt]
Safran (m)	saffraan	[saffrān]

PERSÖNLICHE INFORMATIONEN. FAMILIE

58. Persönliche Informationen. Formulare

Vorname (m)	voornaam	[foərnãm]
Name (m)	van	[fan]
Geburtsdatum (n)	geboortedatum	[χeboərtə·datum]
Geburtsort (m)	geboorteplek	[χeboərtə·plek]
Nationalität (f)	nasionaliteit	[naʃionalitæjt]
Wohnort (m)	woonplek	[voən·plek]
Land (n)	land	[lant]
Beruf (m)	beroep	[berup]
Geschlecht (n)	geslag	[χeslaχ]
Größe (f)	lengte	[leŋtə]
Gewicht (n)	gewig	[χevəχ]

59. Familienmitglieder. Verwandte

Mutter (f)	moeder	[mudər]
Vater (m)	vader	[fadər]
Sohn (m)	seun	[søən]
Tochter (f)	dogter	[doχtər]
jüngste Tochter (f)	jonger dogter	[joŋər doχtər]
jüngste Sohn (m)	jonger seun	[joŋər søən]
ältere Tochter (f)	oudste dogter	[æʋdstə doχtər]
älterer Sohn (m)	oudste seun	[æʋdstə søən]
Bruder (m)	broer	[brur]
älterer Bruder (m)	ouer broer	[æʋer brur]
jüngerer Bruder (m)	jonger broer	[joŋər brur]
Schwester (f)	suster	[sustər]
ältere Schwester (f)	ouer suster	[æʋer sustər]
jüngere Schwester (f)	jonger suster	[joŋər sustər]
Cousin (m)	neef	[neəf]
Cousine (f)	neef	[neəf]
Mama (f)	ma	[ma]
Papa (m)	pa	[pa]
Eltern (pl)	ouers	[æʋers]
Kind (n)	kind	[kint]
Kinder (pl)	kinders	[kindərs]
Großmutter (f)	ouma	[æʋma]
Großvater (m)	oupa	[æʋpa]

Enkel (m)	kleinseun	[klæjn·søən]
Enkelin (f)	kleindogter	[klæjn·doχtər]
Enkelkinder (pl)	kleinkinders	[klæjn·kindərs]

Onkel (m)	oom	[oəm]
Tante (f)	tante	[tantə]
Neffe (m)	neef	[neəf]
Nichte (f)	nig	[niχ]

Schwiegermutter (f)	skoonma	[skoən·ma]
Schwiegervater (m)	skoonpa	[skoən·pa]
Schwiegersohn (m)	skoonseun	[skoən·søən]
Stiefmutter (f)	stiefma	[stifma]
Stiefvater (m)	stiefpa	[stifpa]

Säugling (m)	baba	[baba]
Kleinkind (n)	baba	[baba]
Kleine (m)	seuntjie	[søənki]

Frau (f)	vrou	[fræʊ]
Mann (m)	man	[man]
Ehemann (m)	eggenoot	[εχχenoət]
Gemahlin (f)	eggenote	[εχχenotə]

verheiratet (Ehemann)	getroud	[χetræʊt]
verheiratet (Ehefrau)	getroud	[χetræʊt]
ledig	ongetroud	[onχetræʊt]
Junggeselle (m)	vrygesel	[frajχesəl]
geschieden (Adj)	geskei	[χeskæj]
Witwe (f)	weduwee	[veduveə]
Witwer (m)	wedunaar	[vedunãr]

Verwandte (m)	familielid	[famililit]
naher Verwandter (m)	na familie	[na famili]
entfernter Verwandter (m)	ver familie	[fer famili]
Verwandte (pl)	familielede	[famililedə]

Waisenjunge (m)	weeskind	[veəskint]
Waisenmädchen (f)	weeskind	[veəskint]
Vormund (m)	voog	[foəχ]
adoptieren (einen Jungen)	aanneem	[ãnneəm]
adoptieren (ein Mädchen)	aanneem	[ãnneəm]

60. Freunde. Arbeitskollegen

Freund (m)	vriend	[frint]
Freundin (f)	vriendin	[frindin]
Freundschaft (f)	vriendskap	[frindskap]
befreundet sein	bevriend wees	[befrint veəs]

Freund (m)	maat	[mãt]
Freundin (f)	vriendin	[frindin]
Partner (m)	maat	[mãt]
Chef (m)	baas	[bãs]

Vorgesetzte (m)	**baas**	[bãs]
Besitzer (m)	**eienaar**	[æjenãr]
Untergeordnete (m)	**ondergeskikte**	[ondərχeskiktə]
Kollege (m), Kollegin (f)	**kollega**	[kolleχa]
Bekannte (m)	**kennis**	[kɛnnis]
Reisegefährte (m)	**medereisiger**	[medə·ræjsiχər]
Mitschüler (m)	**klasmaat**	[klas·mãt]
Nachbar (m)	**buurman**	[bɪrman]
Nachbarin (f)	**buurvrou**	[bɪrfræʊ]
Nachbarn (pl)	**bure**	[burə]

MENSCHLICHER KÖRPER. MEDIZIN

61. Kopf

Kopf (m)	kop	[kop]
Gesicht (n)	gesig	[xesəχ]
Nase (f)	neus	[nøəs]
Mund (m)	mond	[mont]
Auge (n)	oog	[oəχ]
Augen (pl)	oë	[oɛ]
Pupille (f)	pupil	[pupil]
Augenbraue (f)	wenkbrou	[vɛnk·bræʊ]
Wimper (f)	ooghaar	[oəχ·hār]
Augenlid (n)	ooglid	[oəχ·lit]
Zunge (f)	tong	[toŋ]
Zahn (m)	tand	[tant]
Lippen (pl)	lippe	[lippə]
Backenknochen (pl)	wangbene	[vaŋ·benə]
Zahnfleisch (n)	tandvleis	[tand·flæjs]
Gaumen (m)	verhemelte	[fer·hemɛltə]
Nasenlöcher (pl)	neusgate	[nøəsχatə]
Kinn (n)	ken	[ken]
Kiefer (m)	kakebeen	[kakebeən]
Wange (f)	wang	[vaŋ]
Stirn (f)	voorhoof	[foərhoəf]
Schläfe (f)	slaap	[slāp]
Ohr (n)	oor	[oər]
Nacken (m)	agterkop	[aχterkop]
Hals (m)	nek	[nek]
Kehle (f)	keel	[keəl]
Haare (pl)	haar	[hār]
Frisur (f)	kapsel	[kapsəl]
Haarschnitt (m)	haarstyl	[hārstajl]
Perücke (f)	pruik	[prœik]
Schnurrbart (m)	snor	[snor]
Bart (m)	baard	[bārt]
haben (einen Bart ~)	dra	[dra]
Zopf (m)	vlegsel	[fleχsəl]
Backenbart (m)	bakkebaarde	[bakkəbārdə]
rothaarig	rooiharig	[roj·harəχ]
grau	grys	[χrajs]
kahl	kaal	[kāl]
Glatze (f)	kaal plek	[kāl plek]

| Pferdeschwanz (m) | poniestert | [poni·stert] |
| Pony (Ponyfrisur) | gordyntjiekapsel | [χordajnki·kapsəl] |

62. Menschlicher Körper

| Hand (f) | hand | [hant] |
| Arm (m) | arm | [arm] |

Finger (m)	vinger	[fiŋər]
Zehe (f)	toon	[toən]
Daumen (m)	duim	[dœim]
kleiner Finger (m)	pinkie	[pinki]
Nagel (m)	nael	[naəl]

Faust (f)	vuis	[fœis]
Handfläche (f)	palm	[palm]
Handgelenk (n)	pols	[pols]
Unterarm (m)	voorarm	[foərarm]
Ellbogen (m)	elmboog	[ɛlmboəχ]
Schulter (f)	skouer	[skæʊər]

Bein (n)	been	[beən]
Fuß (m)	voet	[fut]
Knie (n)	knie	[kni]
Wade (f)	kuit	[kœit]
Hüfte (f)	heup	[høəp]
Ferse (f)	hakskeen	[hak·skeən]

Körper (m)	liggaam	[liχχām]
Bauch (m)	maag	[māχ]
Brust (f)	bors	[bors]
Busen (m)	bors	[bors]
Seite (f), Flanke (f)	sy	[saj]
Rücken (m)	rug	[ruχ]
Kreuz (n)	lae rug	[laə ruχ]
Taille (f)	middel	[middəl]

Nabel (m)	naeltjie	[naɛlki]
Gesäßbacken (pl)	boude	[bæʊdə]
Hinterteil (n)	sitvlak	[sitflak]

Leberfleck (m)	moesie	[musi]
Muttermal (n)	moedervlek	[mudər·flek]
Tätowierung (f)	tatoe	[tatu]
Narbe (f)	litteken	[littekən]

63. Krankheiten

Krankheit (f)	siekte	[siktə]
krank sein	siek wees	[sik veəs]
Gesundheit (f)	gesondheid	[χesonthæjt]
Schnupfen (m)	loopneus	[loəpnøəs]

| Angina (f) | keelontsteking | [keəl·ontstekiŋ] |
| Erkältung (f) | verkoue | [ferkæuə] |

Bronchitis (f)	bronchitis	[bronχitis]
Lungenentzündung (f)	longontsteking	[loŋ·ontstekiŋ]
Grippe (f)	griep	[χrip]

kurzsichtig	bysiende	[bajsində]
weitsichtig	versiende	[fersində]
Schielen (n)	skeelheid	[skeəlhæjt]
schielend (Adj)	skeel	[skeəl]
grauer Star (m)	katarak	[katarak]
Glaukom (n)	gloukoom	[χlæukoəm]

Schlaganfall (m)	beroerte	[berurtə]
Infarkt (m)	hartaanval	[hart·ānfal]
Herzinfarkt (m)	hartinfark	[hart·infark]
Lähmung (f)	verlamming	[ferlammiŋ]
lähmen (vt)	verlam	[ferlam]

Allergie (f)	allergie	[allerχi]
Asthma (n)	asma	[asma]
Diabetes (m)	suikersiekte	[sœikər·siktə]

| Zahnschmerz (m) | tandpyn | [tand·pajn] |
| Karies (f) | tandbederf | [tand·bederf] |

Durchfall (m)	diarree	[diarreə]
Verstopfung (f)	hardlywigheid	[hardlajviχæjt]
Magenverstimmung (f)	maagongesteldheid	[māχ·oŋəstɛldhæjt]
Vergiftung (f)	voedselvergiftiging	[fudsəl·ferχiftəχiŋ]
Vergiftung bekommen	voedselvergiftiging kry	[fudsəl·ferχiftəχiŋ kraj]

Arthritis (f)	artritis	[artritis]
Rachitis (f)	Engelse siekte	[ɛŋəlsə siktə]
Rheumatismus (m)	reumatiek	[røəmatik]
Atherosklerose (f)	artrosklerose	[artrosklerosə]

Gastritis (f)	maagontsteking	[māχ·ontstekiŋ]
Blinddarmentzündung (f)	blindedermontsteking	[blindəderm·ontstekiŋ]
Cholezystitis (f)	galblaasontsteking	[χalblās·ontstekiŋ]
Geschwür (n)	maagsweer	[māχsweər]

Masern (pl)	masels	[masɛls]
Röteln (pl)	Duitse masels	[dœitsə masɛls]
Gelbsucht (f)	geelsug	[χeəlsuχ]
Hepatitis (f)	hepatitis	[hepatitis]

Schizophrenie (f)	skisofrenie	[skisofreni]
Tollwut (f)	hondsdolheid	[hondsdolhæjt]
Neurose (f)	neurose	[nøərosə]
Gehirnerschütterung (f)	harsingskudding	[harsiŋ·skuddiŋ]

Krebs (m)	kanker	[kankər]
Sklerose (f)	sklerose	[sklerosə]
multiple Sklerose (f)	veelvuldige sklerose	[feəlfuldiχə sklerosə]

Alkoholismus (m)	alkoholisme	[alkoholismə]
Alkoholiker (m)	alkoholikus	[alkoholikus]
Syphilis (f)	sifilis	[sifilis]
AIDS	VIGS	[vigs]

Tumor (m)	tumor	[tumor]
bösartig	kwaadaardig	[kwãdãrdəχ]
gutartig	goedaardig	[χudãrdəχ]

Fieber (n)	koors	[koərs]
Malaria (f)	malaria	[malaria]
Gangrän (f, n)	gangreen	[χanχreən]
Seekrankheit (f)	seesiekte	[seə·siktə]
Epilepsie (f)	epilepsie	[ɛpilepsi]

Epidemie (f)	epidemie	[ɛpidemi]
Typhus (m)	tifus	[tifus]
Tuberkulose (f)	tuberkulose	[tuberkulosə]
Cholera (f)	cholera	[χolera]
Pest (f)	pes	[pes]

64. Symptome. Behandlungen. Teil 1

Symptom (n)	simptoom	[simptoəm]
Temperatur (f)	temperatuur	[temperatɪr]
Fieber (n)	koors	[koərs]
Puls (m)	polsslag	[pols·slaχ]

Schwindel (m)	duiseligheid	[dœiseliχæjt]
heiß (Stirne usw.)	warm	[varm]
Schüttelfrost (m)	koue rillings	[kæʊə rilliŋs]
blass (z.B. -es Gesicht)	bleek	[bleək]

Husten (m)	hoes	[hus]
husten (vi)	hoes	[hus]
niesen (vi)	nies	[nis]
Ohnmacht (f)	floute	[flæʊtə]
ohnmächtig werden	flou word	[flæʊ vort]

blauer Fleck (m)	blou kol	[blæʊ kol]
Beule (f)	knop	[knop]
sich stoßen	stamp	[stamp]
Prellung (f)	besering	[beseriŋ]

hinken (vi)	hink	[hink]
Verrenkung (f)	ontwrigting	[ontwriχtiŋ]
ausrenken (vt)	ontwrig	[ontwrəχ]
Fraktur (f)	breuk	[brøək]
brechen (Arm usw.)	n breuk hê	[n brøək hɛ:]

Schnittwunde (f)	sny	[snaj]
sich schneiden	jouself sny	[jæʊsɛlf snaj]
Blutung (f)	bloeding	[bludiŋ]
Verbrennung (f)	brandwond	[brant·vont]

sich verbrennen	jouself brand	[jæʊsɛlf brant]
stechen (vt)	prik	[prik]
sich stechen	jouself prik	[jæʊsɛlf prik]
verletzen (vt)	seermaak	[seərmãk]
Verletzung (f)	besering	[beseriŋ]
Wunde (f)	wond	[vont]
Trauma (n)	trauma	[trɔuma]

irrereden (vi)	yl	[ajl]
stottern (vi)	stotter	[stottər]
Sonnenstich (m)	sonsteek	[sɔŋ·steək]

65. Symptome. Behandlungen. Teil 2

Schmerz (m)	pyn	[pajn]
Splitter (m)	splinter	[splintər]

Schweiß (m)	sweet	[sweət]
schwitzen (vi)	sweet	[sweət]
Erbrechen (n)	braak	[brãk]
Krämpfe (pl)	stuiptrekkings	[stœip·trɛkkiŋs]

schwanger	swanger	[swaŋər]
geboren sein	gebore word	[χeborə vort]
Geburt (f)	geboorte	[χeboərtə]
gebären (vt)	baar	[bãr]
Abtreibung (f)	aborsie	[aborsi]

Atem (m)	asemhaling	[asemhaliŋ]
Atemzug (m)	inaseming	[inasemiŋ]
Ausatmung (f)	uitaseming	[œitasemiŋ]
ausatmen (vt)	uitasem	[œitasem]
einatmen (vt)	inasem	[inasem]

Invalide (m)	invalide	[infalidə]
Krüppel (m)	kreupel	[krøəpəl]
Drogenabhängiger (m)	dwelmslaaf	[dwɛlm·släf]

taub	doof	[doəf]
stumm	stom	[stom]
taubstumm	doofstom	[doəf·stom]

verrückt (Adj)	swaksinnig	[swaksinnəχ]
Irre (m)	kranksinnige	[kranksinniχə]
Irre (f)	kranksinnige	[kranksinniχə]
den Verstand verlieren	kranksinnig word	[kranksinnəχ vort]

Gen (n)	geen	[χeən]
Immunität (f)	immuniteit	[immunitæjt]
erblich	erflik	[ɛrflik]
angeboren	aangebore	[ãnχəborə]

Virus (m, n)	virus	[firus]
Mikrobe (f)	mikrobe	[mikrobə]

| Bakterie (f) | bakterie | [bakteri] |
| Infektion (f) | infeksie | [infeksi] |

66. Symptome. Behandlungen. Teil 3

| Krankenhaus (n) | hospitaal | [hospitāl] |
| Patient (m) | pasiënt | [pasiɛnt] |

Diagnose (f)	diagnose	[diaχnosə]
Heilung (f)	genesing	[χenesiŋ]
Behandlung (f)	mediese behandeling	[medisə behandəliŋ]
Behandlung bekommen	behandeling kry	[behandəliŋ kraj]
behandeln (vt)	behandel	[behandəl]
pflegen (Kranke)	versorg	[fersorχ]
Pflege (f)	versorging	[fersorχiŋ]

Operation (f)	operasie	[operasi]
verbinden (vt)	verbind	[ferbint]
Verband (m)	verband	[ferbant]

Impfung (f)	inenting	[inɛntiŋ]
impfen (vt)	inent	[inɛnt]
Spritze (f)	inspuiting	[inspœitiŋ]

Anfall (m)	aanval	[ānfal]
Amputation (f)	amputasie	[amputasi]
amputieren (vt)	amputeer	[amputeər]
Koma (n)	koma	[koma]
Reanimation (f)	intensiewe sorg	[intɛnsivə sorχ]

genesen von … (vi)	herstel	[herstəl]
Zustand (m)	kondisie	[kondisi]
Bewusstsein (n)	bewussyn	[bevussajn]
Gedächtnis (n)	geheue	[χəhøə]

ziehen (einen Zahn ~)	trek	[trek]
Plombe (f)	vulsel	[fulsəl]
plombieren (vt)	vul	[ful]

| Hypnose (f) | hipnose | [hipnosə] |
| hypnotisieren (vt) | hipnotiseer | [hipnotiseər] |

67. Medizin. Medikamente. Accessoires

Arznei (f)	medisyn	[medisajn]
Heilmittel (n)	geneesmiddel	[χenees·middəl]
verschreiben (vt)	voorskryf	[foərskrajf]
Rezept (n)	voorskrif	[foərskrif]

Tablette (f)	pil	[pil]
Salbe (f)	salf	[salf]
Ampulle (f)	ampul	[ampul]

Mixtur (f)	mengsel	[meŋsəl]
Sirup (m)	stroop	[stroəp]
Pille (f)	pil	[pil]
Pulver (n)	poeier	[pujer]

Verband (m)	verband	[ferbant]
Watte (f)	watte	[vattə]
Jod (n)	iodium	[iodium]

Pflaster (n)	pleister	[plæjstər]
Pipette (f)	oogdrupper	[oəχ·druppər]
Thermometer (n)	termometer	[termometər]
Spritze (f)	spuitnaald	[spœit·nält]

Rollstuhl (m)	rolstoel	[rol·stul]
Krücken (pl)	krukke	[krukkə]

Betäubungsmittel (n)	pynstiller	[pajn·stillər]
Abführmittel (n)	lakseermiddel	[lakseer·middəl]
Spiritus (m)	spiritus	[spiritus]
Heilkraut (n)	geneeskragtige kruie	[χenees·kraχtiχə krœiə]
Kräuter- (z.B. Kräutertee)	kruie-	[krœie-]

WOHNUNG

68. Wohnung

Wohnung (f)	woonstel	[voəŋstəl]
Zimmer (n)	kamer	[kamər]
Schlafzimmer (n)	slaapkamer	[slāp·kamər]
Esszimmer (n)	eetkamer	[eət·kamər]
Wohnzimmer (n)	sitkamer	[sit·kamər]
Arbeitszimmer (n)	studeerkamer	[studeər·kamər]
Vorzimmer (n)	ingangsportaal	[inχaŋs·portāl]
Badezimmer (n)	badkamer	[bad·kamər]
Toilette (f)	toilet	[tojlet]
Decke (f)	plafon	[plafon]
Fußboden (m)	vloer	[flur]
Ecke (f)	hoek	[huk]

69. Möbel. Innenausstattung

Möbel (n)	meubels	[møəbɛls]
Tisch (m)	tafel	[tafel]
Stuhl (m)	stoel	[stul]
Bett (n)	bed	[bet]
Sofa (n)	rusbank	[rusbank]
Sessel (m)	gemakstoel	[χemak·stul]
Bücherschrank (m)	boekkas	[buk·kas]
Regal (n)	rak	[rak]
Schrank (m)	klerekas	[klerə·kas]
Hakenleiste (f)	kapstok	[kapstok]
Kleiderständer (m)	kapstok	[kapstok]
Kommode (f)	laaikas	[lājkas]
Couchtisch (m)	koffietafel	[koffi·tafel]
Spiegel (m)	spieël	[spiɛl]
Teppich (m)	mat	[mat]
Matte (kleiner Teppich)	matjie	[maki]
Kamin (m)	vuurherd	[fɪr·hert]
Kerze (f)	kers	[kers]
Kerzenleuchter (m)	kandelaar	[kandelār]
Vorhänge (pl)	gordyne	[χordajnə]
Tapete (f)	muurpapier	[mɪr·papir]

Jalousie (f)	blindings	[blindiŋs]
Tischlampe (f)	tafellamp	[tafel·lamp]
Leuchte (f)	muurlamp	[mɪr·lamp]
Stehlampe (f)	staanlamp	[stãn·lamp]
Kronleuchter (m)	kroonlugter	[kroən·luχtər]

Bein (Tischbein usw.)	poot	[poət]
Armlehne (f)	armleuning	[arm·løəniŋ]
Lehne (f)	rugleuning	[ruχ·løəniŋ]
Schublade (f)	laai	[lãi]

70. Bettwäsche

Bettwäsche (f)	beddegoed	[beddə·χut]
Kissen (n)	kussing	[kussiŋ]
Kissenbezug (m)	kussingsloop	[kussiŋ·sloəp]
Bettdecke (f)	duvet	[dufet]
Laken (n)	laken	[laken]
Tagesdecke (f)	bedsprei	[bed·spræj]

71. Küche

Küche (f)	kombuis	[kombœis]
Gas (n)	gas	[χas]
Gasherd (m)	gasstoof	[χas·stoəf]
Elektroherd (m)	elektriese stoof	[elektrisə stoəf]
Backofen (m)	oond	[oent]
Mikrowellenherd (m)	mikrogolfoond	[mikroχolf·oent]

Kühlschrank (m)	yskas	[ajs·kas]
Tiefkühltruhe (f)	vrieskas	[friskas]
Geschirrspülmaschine (f)	skottelgoedwasser	[skottɛlχud·wassər]

Fleischwolf (m)	vleismeul	[flæjs·møəl]
Saftpresse (f)	versapper	[fersappər]
Toaster (m)	broodrooster	[broəd·roəstər]
Mixer (m)	menger	[meŋər]

Kaffeemaschine (f)	koffiemasjien	[koffi·maʃin]
Kaffeekanne (f)	koffiepot	[koffi·pot]
Kaffeemühle (f)	koffiemeul	[koffi·møəl]

Wasserkessel (m)	fluitketel	[flœit·ketəl]
Teekanne (f)	teepot	[teə·pot]
Deckel (m)	deksel	[deksəl]
Teesieb (n)	teesiffie	[teə·siffi]

Löffel (m)	lepel	[lepəl]
Teelöffel (m)	teelepeltjie	[teə·lepəlki]
Esslöffel (m)	soplepel	[sop·lepəl]
Gabel (f)	vurk	[furk]
Messer (n)	mes	[mes]

Geschirr (n)	tafelgerei	[tafel·χeræj]
Teller (m)	bord	[bort]
Untertasse (f)	piering	[piriŋ]

Schnapsglas (n)	likeurglas	[likøer·χlas]
Glas (n)	glas	[χlas]
Tasse (f)	koppie	[koppi]

Zuckerdose (f)	suikerpot	[sœiker·pot]
Salzstreuer (m)	soutvaatjie	[sæʊt·fāki]
Pfefferstreuer (m)	pepervaatjie	[peper·fāki]
Butterdose (f)	botterbakkie	[botter·bakki]

Kochtopf (m)	soppot	[sop·pot]
Pfanne (f)	braaipan	[brāj·pan]
Schöpflöffel (m)	opskeplepel	[opskep·lepel]
Durchschlag (m)	vergiet	[ferχit]
Tablett (n)	skinkbord	[skink·bort]

Flasche (f)	bottel	[bottel]
Glas (Einmachglas)	fles	[fles]
Dose (f)	blikkie	[blikki]

Flaschenöffner (m)	botteloopmaker	[bottel·oepmaker]
Dosenöffner (m)	blikoopmaker	[blik·oepmaker]
Korkenzieher (m)	kurktrekker	[kurk·trɛkker]
Filter (n)	filter	[filter]
filtern (vt)	filter	[filter]

| Müll (m) | vullis | [fullis] |
| Mülleimer, Treteimer (m) | vullisbak | [fullis·bak] |

72. Bad

Badezimmer (n)	badkamer	[bad·kamer]
Wasser (n)	water	[vater]
Wasserhahn (m)	kraan	[krān]
Warmwasser (n)	warme water	[varme vater]
Kaltwasser (n)	koue water	[kæʊe vater]

Zahnpasta (f)	tandepasta	[tande·pasta]
Zähne putzen	tande borsel	[tande borsel]
Zahnbürste (f)	tandeborsel	[tande·borsel]

sich rasieren	skeer	[skeer]
Rasierschaum (m)	skeerroom	[skeer·roem]
Rasierer (m)	skeermes	[skeer·mes]

waschen (vt)	was	[vas]
sich waschen	bad	[bat]
Dusche (f)	stort	[stort]
sich duschen	stort	[stort]
Badewanne (f)	bad	[bat]
Klosettbecken (n)	toilet	[tojlet]

Waschbecken (n)	wasbak	[vas·bak]
Seife (f)	seep	[seəp]
Seifenschale (f)	seepbakkie	[seəp·bakki]

Schwamm (m)	spons	[spoŋs]
Shampoo (n)	sjampoe	[ʃampu]
Handtuch (n)	handdoek	[handduk]
Bademantel (m)	badjas	[batjas]

Wäsche (f)	was	[vas]
Waschmaschine (f)	wasmasjien	[vas·maʃin]
waschen (vt)	die wasgoed was	[di vasχut vas]
Waschpulver (n)	waspoeier	[vas·pujer]

73. Haushaltsgeräte

Fernseher (m)	TV-stel	[te·fe-stəl]
Tonbandgerät (n)	bandspeler	[band·spelər]
Videorekorder (m)	videomasjien	[video·maʃin]
Empfänger (m)	radio	[radio]
Player (m)	speler	[spelər]

Videoprojektor (m)	videoprojektor	[video·projektor]
Heimkino (n)	tuisfliekteater	[tœis·flik·teatər]
DVD-Player (m)	DVD-speler	[de·fe·de-spelər]
Verstärker (m)	versterker	[fersterkər]
Spielkonsole (f)	videokonsole	[video·koŋsolə]

Videokamera (f)	videokamera	[video·kamera]
Kamera (f)	kamera	[kamera]
Digitalkamera (f)	digitale kamera	[diχitalə kamera]

Staubsauger (m)	stofsuier	[stof·sœier]
Bügeleisen (n)	strykyster	[strajk·ajstər]
Bügelbrett (n)	strykplank	[strajk·plank]

Telefon (n)	telefoon	[telefoən]
Mobiltelefon (n)	selfoon	[sɛlfoən]
Schreibmaschine (f)	tikmasjien	[tik·maʃin]
Nähmaschine (f)	naaimasjien	[naj·maʃin]

Mikrophon (n)	mikrofoon	[mikrofoən]
Kopfhörer (m)	koptelefoon	[kop·telefoən]
Fernbedienung (f)	afstandsbeheer	[afstands·beheər]

CD (f)	CD	[se·de]
Kassette (f)	kasset	[kasset]
Schallplatte (f)	plaat	[plät]

DIE ERDE. WETTER

74. Weltall

Kosmos (m)	kosmos	[kosmos]
kosmisch, Raum-	kosmies	[kosmis]
Weltraum (m)	buitenste ruimte	[bœitɛŋstə rajmtə]
All (n)	wêreld	[værɛlt]
Universum (n)	heelal	[heəlal]
Galaxie (f)	sterrestelsel	[sterrə·stɛlsəl]
Stern (m)	ster	[ster]
Gestirn (n)	sterrebeeld	[sterrə·beəlt]
Planet (m)	planeet	[planeət]
Satellit (m)	satelliet	[satɛllit]
Meteorit (m)	meteoriet	[meteorit]
Komet (m)	komeet	[komeət]
Asteroid (m)	asteroïed	[asteroïət]
Umlaufbahn (f)	baan	[bãn]
sich drehen	draai	[drãi]
Atmosphäre (f)	atmosfeer	[atmosfeər]
Sonne (f)	die Son	[di son]
Sonnensystem (n)	sonnestelsel	[sonnə·stɛlsəl]
Sonnenfinsternis (f)	sonsverduistering	[sɔŋs·ferdœisteriŋ]
Erde (f)	die Aarde	[di ãrdə]
Mond (m)	die Maan	[di mãn]
Mars (m)	Mars	[mars]
Venus (f)	Venus	[fenus]
Jupiter (m)	Jupiter	[jupitər]
Saturn (m)	Saturnus	[saturnus]
Merkur (m)	Mercurius	[merkurius]
Uran (m)	Uranus	[uranus]
Neptun (m)	Neptunus	[neptunus]
Pluto (m)	Pluto	[pluto]
Milchstraße (f)	Melkweg	[melk·weχ]
Der Große Bär	Groot Beer	[χroət beər]
Polarstern (m)	Poolster	[poəl·stər]
Marsbewohner (m)	marsbewoner	[mars·bevonər]
Außerirdischer (m)	buiteaardse wese	[bœite·ãrdsə vesə]
außerirdisches Wesen (n)	ruimtewese	[rœimtə·vesə]

fliegende Untertasse (f)	vlieënde skottel	[fliɛndə skottəl]
Raumschiff (n)	ruimteskip	[rœimtə·skip]
Raumstation (f)	ruimtestasie	[rœimtə·stasi]
Raketenstart (m)	vertrek	[fertrek]

Triebwerk (n)	enjin	[ɛndʒin]
Düse (f)	uitlaatpyp	[œitlāt·pajp]
Treibstoff (m)	brandstof	[brantstof]

| Kabine (f) | stuurkajuit | [stɪr·kajœit] |
| Antenne (f) | lugdraad | [luχdrāt] |

Bullauge (n)	patryspoort	[patrajs·poərt]
Sonnenbatterie (f)	sonpaneel	[son·paneəl]
Raumanzug (m)	ruimtepak	[rœimtə·pak]

| Schwerelosigkeit (f) | gewigloosheid | [χeviχloəshæjt] |
| Sauerstoff (m) | suurstof | [sɪrstof] |

| Ankopplung (f) | koppeling | [koppeliŋ] |
| koppeln (vi) | koppel | [koppəl] |

| Observatorium (n) | observatorium | [observatorium] |
| Teleskop (n) | teleskoop | [teleskoəp] |

| beobachten (vt) | waarneem | [vārneəm] |
| erforschen (vt) | eksploreer | [ɛksploreər] |

75. Die Erde

Erde (f)	die Aarde	[di ārdə]
Erdkugel (f)	die aardbol	[di ārdbol]
Planet (m)	planeet	[planeət]

Atmosphäre (f)	atmosfeer	[atmosfeər]
Geographie (f)	geografie	[χeoχrafi]
Natur (f)	natuur	[natɪr]

Globus (m)	aardbol	[ārd·bol]
Landkarte (f)	kaart	[kārt]
Atlas (m)	atlas	[atlas]

| Europa (n) | Europa | [øəropa] |
| Asien (n) | Asië | [asiɛ] |

| Afrika (n) | Afrika | [afrika] |
| Australien (n) | Australië | [ɔustraliɛ] |

Amerika (n)	Amerika	[amerika]
Nordamerika (n)	Noord-Amerika	[noərd-amerika]
Südamerika (n)	Suid-Amerika	[sœid-amerika]

| Antarktis (f) | Suidpool | [sœid·poəl] |
| Arktis (f) | Noordpool | [noərd·poəl] |

76. Himmelsrichtungen

Norden (m)	noorde	[noərdə]
nach Norden	na die noorde	[na di noərdə]
im Norden	in die noorde	[in di noərdə]
nördlich	noordelik	[noərdəlik]

Süden (m)	suide	[sœidə]
nach Süden	na die suide	[na di sœidə]
im Süden	in die suide	[in di sœidə]
südlich	suidelik	[sœidəlik]

Westen (m)	weste	[vestə]
nach Westen	na die weste	[na di vestə]
im Westen	in die weste	[in di vestə]
westlich, West-	westelik	[vestelik]

Osten (m)	ooste	[oestə]
nach Osten	na die ooste	[na di oestə]
im Osten	in die ooste	[in di oestə]
östlich	oostelik	[oestəlik]

77. Meer. Ozean

Meer (n), See (f)	see	[seə]
Ozean (m)	oseaan	[oseãn]
Golf (m)	golf	[χolf]
Meerenge (f)	straat	[strãt]

| Festland (n) | land | [lant] |
| Kontinent (m) | kontinent | [kontinent] |

Insel (f)	eiland	[æjlant]
Halbinsel (f)	skiereiland	[skir·æjlant]
Archipel (m)	argipel	[arχipəl]

Bucht (f)	baai	[bãi]
Hafen (m)	hawe	[havə]
Lagune (f)	strandmeer	[strand·meer]
Kap (n)	kaap	[kãp]

Atoll (n)	atol	[atol]
Riff (n)	rif	[rif]
Koralle (f)	koraal	[korãl]
Korallenriff (n)	koraalrif	[korãl·rif]

tief (Adj)	diep	[dip]
Tiefe (f)	diepte	[diptə]
Abgrund (m)	afgrond	[afχront]
Graben (m)	trog	[troχ]

| Strom (m) | stroming | [strominŋ] |
| umspülen (vt) | omring | [omrinŋ] |

Ufer (n)	oewer	[uvər]
Küste (f)	kus	[kus]

Flut (f)	hoogwater	[hoəχ·vatər]
Ebbe (f)	laagwater	[lāχ·vatər]
Sandbank (f)	sandbank	[sand·bank]
Boden (m)	bodem	[bodem]

Welle (f)	golf	[χolf]
Wellenkamm (m)	kruin	[krœin]
Schaum (m)	skuim	[skœim]

Sturm (m)	storm	[storm]
Orkan (m)	orkaan	[orkān]
Tsunami (m)	tsunami	[tsunami]
Windstille (f)	windstilte	[vindstiltə]
ruhig	kalm	[kalm]

Pol (m)	pool	[poəl]
Polar-	polêr	[polær]

Breite (f)	breedtegraad	[breədtə·χrāt]
Länge (f)	lengtegraad	[leŋtə·χrāt]
Breitenkreis (m)	parallel	[paralləl]
Äquator (m)	ewenaar	[ɛvenār]

Himmel (m)	hemel	[heməl]
Horizont (m)	horison	[horison]
Luft (f)	lug	[luχ]

Leuchtturm (m)	vuurtoring	[fɪrtoriŋ]
tauchen (vi)	duik	[dœik]
versinken (vi)	sink	[sink]
Schätze (pl)	skatte	[skattə]

78. Namen der Meere und Ozeane

Atlantischer Ozean (m)	**Atlantiese oseaan**	[atlantisə oseān]
Indischer Ozean (m)	**Indiese Oseaan**	[indisə oseān]
Pazifischer Ozean (m)	**Stille Oseaan**	[stillə oseān]
Arktischer Ozean (m)	**Noordelike Yssee**	[noərdelikə ajs·seə]

Schwarzes Meer (n)	**Swart See**	[swart seə]
Rotes Meer (n)	**Rooi See**	[roj seə]
Gelbes Meer (n)	**Geel See**	[χeəl seə]
Weißes Meer (n)	**Witsee**	[vit·seə]

Kaspisches Meer (n)	**Kaspiese See**	[kaspisə seə]
Totes Meer (n)	**Dooie See**	[dojə seə]
Mittelmeer (n)	**Middellandse See**	[middəllandsə seə]

Ägäisches Meer (n)	**Egeïese See**	[ɛχejesə seə]
Adriatisches Meer (n)	**Adriatiese See**	[adriatisə seə]
Arabisches Meer (n)	**Arabiese See**	[arabisə seə]

Japanisches Meer (n)	Japanse See	[japaŋsə see]
Beringmeer (n)	Beringsee	[beriŋ·see]
Südchinesisches Meer (n)	Suid-Sjinese See	[sœid-ʃinesə see]
Korallenmeer (n)	Koraalsee	[korāl·see]
Tasmansee (f)	Tasmansee	[tasmaŋ·see]
Karibisches Meer (n)	Karibiese See	[karibisə see]
Barentssee (f)	Barentssee	[barents·see]
Karasee (f)	Karasee	[kara·see]
Nordsee (f)	Noordsee	[noərd·see]
Ostsee (f)	Baltiese See	[baltisə see]
Nordmeer (n)	Noorse See	[noərsə see]

79. Berge

Berg (m)	berg	[berχ]
Gebirgskette (f)	bergreeks	[berχ·reəks]
Bergrücken (m)	bergrug	[berχ·ruχ]
Gipfel (m)	top	[top]
Spitze (f)	piek	[pik]
Bergfuß (m)	voet	[fut]
Abhang (m)	helling	[hɛlliŋ]
Vulkan (m)	vulkaan	[fulkān]
tätiger Vulkan (m)	aktiewe vulkaan	[aktivə fulkān]
schlafender Vulkan (m)	rustende vulkaan	[rustendə fulkān]
Ausbruch (m)	uitbarsting	[œitbarstiŋ]
Krater (m)	krater	[kratər]
Magma (n)	magma	[maχma]
Lava (f)	lawa	[lava]
glühend heiß (-e Lava)	gloeiende	[χlujendə]
Cañon (m)	diepkloof	[dip·kloəf]
Schlucht (f)	kloof	[kloəf]
Spalte (f)	skeur	[skøər]
Abgrund (m) (steiler ~)	afgrond	[afχront]
Gebirgspass (m)	bergpas	[berχ·pas]
Plateau (n)	plato	[plato]
Fels (m)	krans	[kraŋs]
Hügel (m)	kop	[kop]
Gletscher (m)	gletser	[χletsər]
Wasserfall (m)	waterval	[vatər·fal]
Geiser (m)	geiser	[χæjsər]
See (m)	meer	[meər]
Ebene (f)	vlakte	[flaktə]
Landschaft (f)	landskap	[landskap]
Echo (n)	eggo	[ɛχχo]

Bergsteiger (m)	alpinis	[alpinis]
Kletterer (m)	bergklimmer	[berχ·klimmər]
bezwingen (vt)	baasraak	[bāsrāk]
Aufstieg (m)	beklimming	[beklimmiŋ]

80. Namen der Berge

Alpen (pl)	die Alpe	[di alpə]
Montblanc (m)	Mont Blanc	[mon blan]
Pyrenäen (pl)	die Pireneë	[di pirenɛ]

Karpaten (pl)	die Karpate	[di karpatə]
Uralgebirge (n)	die Oeralgebergte	[di ural·χəberχtə]
Kaukasus (m)	die Koukasus Gebergte	[di kæʊkasus χəberχtə]
Elbrus (m)	Elbroes	[ɛlbrus]

Altai (m)	die Altai-gebergte	[di altaj-χəberχtə]
Tian Shan (m)	die Tian Shan	[di tian ʃan]
Pamir (m)	die Pamir	[di pamir]
Himalaja (m)	die Himalajas	[di himalajas]
Everest (m)	Everest	[ɛverest]

Anden (pl)	die Andes	[di andes]
Kilimandscharo (m)	Kilimanjaro	[kilimandʒaro]

81. Flüsse

Fluss (m)	rivier	[rifir]
Quelle (f)	bron	[bron]
Flussbett (n)	rivierbed	[rifir·bet]
Stromgebiet (n)	stroomgebied	[stroəm·χebit]
einmünden in ...	uitmond in ...	[œitmont in ...]

Nebenfluss (m)	syrivier	[saj·rifir]
Ufer (n)	oewer	[uvər]

Strom (m)	stroming	[stromiŋ]
stromabwärts	stroomafwaarts	[stroəm·afvārts]
stromaufwärts	stroomopwaarts	[stroəm·opvārts]

Überschwemmung (f)	oorstroming	[oərstromiŋ]
Hochwasser (n)	oorstroming	[oərstromiŋ]
aus den Ufern treten	oor sy walle loop	[oər saj vallə loəp]
überfluten (vt)	oorstroom	[oərstroəm]

Sandbank (f)	sandbank	[sand·bank]
Stromschnelle (f)	stroomversnellings	[stroəm·fersnɛlliŋs]

Damm (m)	damwal	[dam·wal]
Kanal (m)	kanaal	[kanāl]
Stausee (m)	opgaardam	[opχār·dam]
Schleuse (f)	sluis	[slœis]

Gewässer (n)	dam	[dam]
Sumpf (m), Moor (n)	moeras	[muras]
Marsch (f)	vlei	[flæj]
Strudel (m)	draaikolk	[drāj·kolk]

Bach (m)	spruit	[sprœit]
Trink- (z.B. Trinkwasser)	drink-	[drink-]
Süß- (Wasser)	vars	[fars]

Eis (n)	ys	[ajs]
zufrieren (vi)	bevries	[befris]

82. Namen der Flüsse

Seine (f)	Seine	[sæjn]
Loire (f)	Loire	[luaːr]

Themse (f)	Teems	[tems]
Rhein (m)	Ryn	[rajn]
Donau (f)	Donau	[donɔu]

Wolga (f)	Wolga	[volga]
Don (m)	Don	[don]
Lena (f)	Lena	[lena]

Gelber Fluss (m)	Geel Rivier	[χeəl rifir]
Jangtse (m)	Blou Rivier	[blæʊ rifir]
Mekong (m)	Mekong	[mekoŋ]
Ganges (m)	Ganges	[χaŋəs]

Nil (m)	Nyl	[najl]
Kongo (m)	Kongorivier	[kongo·rifir]
Okavango (m)	Okavango	[okavango]
Sambesi (m)	Zambezi	[sambesi]
Limpopo (m)	Limpopo	[limpopo]
Mississippi (m)	Mississippi	[mississippi]

83. Wald

Wald (m)	bos	[bos]
Wald-	bos-	[bos-]

Dickicht (n)	woud	[væʊt]
Gehölz (n)	boord	[boərt]
Lichtung (f)	oopte	[oəptə]

Dickicht (n)	struikgewas	[strœik·χevas]
Gebüsch (n)	struikveld	[strœik·fɛlt]

Fußweg (m)	paadjie	[pādʒi]
Erosionsrinne (f)	donga	[donχa]
Baum (m)	boom	[boəm]

| Blatt (n) | blaar | [blār] |
| Laub (n) | blare | [blarə] |

Laubfall (m)	val van die blare	[fal fan di blarə]
fallen (Blätter)	val	[fal]
Wipfel (m)	boomtop	[boəm·top]

Zweig (m)	tak	[tak]
Ast (m)	tak	[tak]
Knospe (f)	knop	[knop]
Nadel (f)	naald	[nält]
Zapfen (m)	dennebol	[dɛnnə·bol]

Höhlung (f)	holte	[holtə]
Nest (n)	nes	[nes]
Höhle (f)	gat	[χat]

Stamm (m)	stam	[stam]
Wurzel (f)	wortel	[vortəl]
Rinde (f)	bas	[bas]
Moos (n)	mos	[mos]

entwurzeln (vt)	ontwortel	[ontwortəl]
fällen (vt)	omkap	[omkap]
abholzen (vt)	ontbos	[ontbos]
Baumstumpf (m)	boomstomp	[boəm·stomp]

Lagerfeuer (n)	kampvuur	[kampfɪr]
Waldbrand (m)	bosbrand	[bos·brant]
löschen (vt)	blus	[blus]

Förster (m)	boswagter	[bos·waχtər]
Schutz (m)	beskerming	[beskermiŋ]
beschützen (vt)	beskerm	[beskerm]
Wilddieb (m)	wildstroper	[vilt·stropər]
Falle (f)	slagyster	[slaχ·ajstər]

sammeln (Pilze ~)	pluk	[pluk]
pflücken (Beeren ~)	pluk	[pluk]
sich verirren	verdwaal	[ferdwāl]

84. natürliche Lebensgrundlagen

Naturressourcen (pl)	natuurlike bronne	[natɪrlikə bronnə]
Bodenschätze (pl)	minerale	[mineralə]
Vorkommen (n)	lae	[laə]
Feld (Ölfeld usw.)	veld	[fɛlt]

gewinnen (vt)	myn	[majn]
Gewinnung (f)	myn	[majn]
Erz (n)	erts	[ɛrts]
Bergwerk (n)	myn	[majn]
Schacht (m)	mynskag	[majn·skaχ]
Bergarbeiter (m)	mynwerker	[majn·werkər]

| Erdgas (n) | gas | [χas] |
| Gasleitung (f) | gaspyp | [χas·pajp] |

Erdöl (n)	olie	[oli]
Erdölleitung (f)	olipypleiding	[oli·pajp·læjdiŋ]
Ölquelle (f)	oliebron	[oli·bron]
Bohrturm (m)	boortoring	[boər·toriŋ]
Tanker (m)	tenkskip	[tɛnk·skip]

Sand (m)	sand	[sant]
Kalkstein (m)	kalksteen	[kalksteən]
Kies (m)	gruis	[χrœis]
Torf (m)	veengrond	[feənχront]
Ton (m)	klei	[klæj]
Kohle (f)	steenkool	[steən·koəl]

Eisen (n)	yster	[ajstər]
Gold (n)	goud	[χæʊt]
Silber (n)	silwer	[silwər]
Nickel (n)	nikkel	[nikkəl]
Kupfer (n)	koper	[kopər]

Zink (n)	sink	[sink]
Mangan (n)	mangaan	[manχān]
Quecksilber (n)	kwik	[kwik]
Blei (n)	lood	[loət]

Mineral (n)	mineraal	[minerāl]
Kristall (m)	kristal	[kristal]
Marmor (m)	marmer	[marmər]
Uran (n)	uraan	[urān]

85. Wetter

Wetter (n)	weer	[veər]
Wetterbericht (m)	weersvoorspelling	[veərs·foərspɛlliŋ]
Temperatur (f)	temperatuur	[temperatɪr]
Thermometer (n)	termometer	[termometer]
Barometer (n)	barometer	[barometər]

| feucht | klam | [klam] |
| Feuchtigkeit (f) | vogtigheid | [foχtiχæjt] |

Hitze (f)	hitte	[hittə]
glutheiß	heet	[heət]
ist heiß	dis vrekwarm	[dis frekvarm]

| ist warm | dit is warm | [dit is varm] |
| warm (Adj) | louwarm | [læʊvarm] |

ist kalt	dis koud	[dis kæʊt]
kalt (Adj)	koud	[kæʊt]
Sonne (f)	son	[son]
scheinen (vi)	skyn	[skajn]

sonnig (Adj)	sonnig	[sonnəx]
aufgehen (vi)	opkom	[opkom]
untergehen (vi)	ondergaan	[ondərχān]

Wolke (f)	wolk	[volk]
bewölkt, wolkig	bewolk	[bevolk]
Regenwolke (f)	reënwolk	[rɛɛn·wolk]
trüb (-er Tag)	somber	[sombər]

Regen (m)	reën	[rɛɛn]
Es regnet	dit reën	[dit rɛɛn]
regnerisch (-er Tag)	reënerig	[rɛɛnerəχ]
nieseln (vi)	motreën	[motrɛɛn]

strömender Regen (m)	stortbui	[stortbœi]
Regenschauer (m)	reënvlaag	[rɛɛn·flāχ]
stark (-er Regen)	swaar	[swār]
Pfütze (f)	poeletjie	[puləki]
nass werden (vi)	nat word	[nat vort]

Nebel (m)	mis	[mis]
neblig (-er Tag)	mistig	[mistəχ]
Schnee (m)	sneeu	[sniʊ]
Es schneit	dit sneeu	[dit sniʊ]

86. Unwetter Naturkatastrophen

Gewitter (n)	donderstorm	[dondər·storm]
Blitz (m)	weerlig	[veərləχ]
blitzen (vi)	flits	[flits]

Donner (m)	donder	[dondər]
donnern (vi)	donder	[dondər]
Es donnert	dit donder	[dit dondər]

Hagel (m)	hael	[haəl]
Es hagelt	dit hael	[dit haəl]

überfluten (vt)	oorstroom	[oərstroəm]
Überschwemmung (f)	oorstroming	[oərstromiŋ]

Erdbeben (n)	aardbewing	[ārd·beviŋ]
Erschütterung (f)	aardskok	[ārd·skok]
Epizentrum (n)	episentrum	[ɛpisentrum]

Ausbruch (m)	uitbarsting	[œitbarstiŋ]
Lava (f)	lawa	[lava]

Wirbelsturm (m)	tornado	[tornado]
Tornado (m)	tornado	[tornado]
Taifun (m)	tifoon	[tifoən]

Orkan (m)	orkaan	[orkān]
Sturm (m)	storm	[storm]

Tsunami (m)	tsunami	[tsunami]
Zyklon (m)	sikloon	[sikloən]
Unwetter (n)	slegte weer	[sleҳtə veər]
Brand (m)	brand	[brant]
Katastrophe (f)	ramp	[ramp]
Meteorit (m)	meteoriet	[meteorit]

Lawine (f)	lawine	[lavinə]
Schneelawine (f)	sneeulawine	[sniʊ·lavinə]
Schneegestöber (n)	sneeustorm	[sniʊ·storm]
Schneesturm (m)	sneeustorm	[sniʊ·storm]

FAUNA

87. Säugetiere. Raubtiere

Raubtier (n)	roofdier	[roef·dir]
Tiger (m)	tier	[tir]
Löwe (m)	leeu	[liʊ]
Wolf (m)	wolf	[volf]
Fuchs (m)	vos	[fos]
Jaguar (m)	jaguar	[jaχuar]
Leopard (m)	luiperd	[lœipert]
Gepard (m)	jagluiperd	[jaχ·lœipert]
Panther (m)	swart luiperd	[swart lœipert]
Puma (m)	poema	[puma]
Schneeleopard (m)	sneeuluiperd	[sniʊ·lœipert]
Luchs (m)	los	[los]
Kojote (m)	prêriewolf	[præri·volf]
Schakal (m)	jakkals	[jakkals]
Hyäne (f)	hiëna	[hiɛna]

88. Tiere in freier Wildbahn

Tier (n)	dier	[dir]
Bestie (f)	beest	[beəst]
Eichhörnchen (n)	eekhoring	[eəkhoriŋ]
Igel (m)	krimpvarkie	[krimpfarki]
Hase (m)	hasie	[hasi]
Kaninchen (n)	konyn	[konajn]
Dachs (m)	das	[das]
Waschbär (m)	wasbeer	[vasbeər]
Hamster (m)	hamster	[hamstər]
Murmeltier (n)	marmot	[marmot]
Maulwurf (m)	mol	[mol]
Maus (f)	muis	[mœis]
Ratte (f)	rot	[rot]
Fledermaus (f)	vlermuis	[fler·mœis]
Hermelin (n)	hermelyn	[hermᵊlajn]
Zobel (m)	sabel, sabeldier	[sabᵊl], [sabᵊl·dir]
Marder (m)	marter	[martər]
Wiesel (n)	wesel	[vesᵊl]
Nerz (m)	nerts	[nerts]

| Biber (m) | bewer | [bevər] |
| Fischotter (m) | otter | [ottər] |

Pferd (n)	perd	[pert]
Elch (m)	eland	[ɛlant]
Hirsch (m)	hert	[hert]
Kamel (n)	kameel	[kameəl]

Bison (m)	bison	[bison]
Wisent (m)	wisent	[visent]
Büffel (m)	buffel	[buffəl]

Zebra (n)	sebra, kwagga	[sebra], [kwaχχa]
Antilope (f)	wildsbok	[vilds·bok]
Reh (n)	reebok	[reəbok]
Damhirsch (m)	damhert	[damhert]
Gämse (f)	gems	[χems]
Wildschwein (n)	wildevark	[vildə·fark]

Wal (m)	walvis	[valfis]
Seehund (m)	seehond	[seə·hont]
Walroß (n)	walrus	[valrus]
Seebär (m)	seebeer	[seə·beər]
Delfin (m)	dolfyn	[dolfajn]

Bär (m)	beer	[beər]
Eisbär (m)	ysbeer	[ajs·beər]
Panda (m)	panda	[panda]

Affe (m)	aap	[āp]
Schimpanse (m)	sjimpansee	[ʃimpaŋseə]
Orang-Utan (m)	orangoetang	[oranχutaŋ]
Gorilla (m)	gorilla	[χorilla]
Makak (m)	makaak	[makāk]
Gibbon (m)	gibbon	[χibbon]

Elefant (m)	olifant	[olifant]
Nashorn (n)	renoster	[renostər]
Giraffe (f)	kameelperd	[kameəl·pert]
Flusspferd (n)	seekoei	[seə·kui]

| Känguru (n) | kangaroe | [kanχaru] |
| Koala (m) | koala | [koala] |

Manguste (f)	muishond	[mœis·hont]
Chinchilla (n)	chinchilla, tjintjilla	[tʃin·tʃila]
Stinktier (n)	stinkmuishond	[stinkmœis·hont]
Stachelschwein (n)	ystervark	[ajstər·fark]

89. Haustiere

Katze (f)	kat	[kat]
Kater (m)	kater	[katər]
Hund (m)	hond	[hont]

Pferd (n)	perd	[pert]
Hengst (m)	hings	[hiŋs]
Stute (f)	merrie	[merri]

Kuh (f)	koei	[kui]
Stier (m)	bul	[bul]
Ochse (m)	os	[os]

Schaf (n)	skaap	[skāp]
Widder (m)	ram	[ram]
Ziege (f)	bok	[bok]
Ziegenbock (m)	bokram	[bok·ram]

| Esel (m) | donkie, esel | [donki], [eisəl] |
| Maultier (n) | muil | [mœil] |

Schwein (n)	vark	[fark]
Ferkel (n)	varkie	[farki]
Kaninchen (n)	konyn	[konajn]

| Huhn (n) | hoender, hen | [hundər], [hen] |
| Hahn (m) | haan | [hān] |

Ente (f)	eend	[eent]
Enterich (m)	mannetjieseend	[mannəkis·eent]
Gans (f)	gans	[χaŋs]

| Puter (m) | kalkoenmannetjie | [kalkun·mannəki] |
| Pute (f) | kalkoen | [kalkun] |

Haustiere (pl)	huisdiere	[hœis·dirə]
zahm	mak	[mak]
zähmen (vt)	mak maak	[mak māk]
züchten (vt)	teel	[teəl]

Farm (f)	plaas	[plās]
Geflügel (n)	pluimvee	[plœimfeə]
Vieh (n)	beeste	[beəstə]
Herde (f)	kudde	[kuddə]

Pferdestall (m)	stal	[stal]
Schweinestall (m)	varkstal	[fark·stal]
Kuhstall (m)	koeistal	[kui·stal]
Kaninchenstall (m)	konynehok	[konajnə·hok]
Hühnerstall (m)	hoenderhok	[hundər·hok]

90. Vögel

Vogel (m)	voël	[foɛl]
Taube (f)	duif	[dœif]
Spatz (m)	mossie	[mossi]
Meise (f)	mees	[meəs]
Elster (f)	ekster	[ɛkstər]
Rabe (m)	raaf	[rãf]

Krähe (f)	kraai	[krāi]
Dohle (f)	kerkkraai	[kerk·krāi]
Saatkrähe (f)	roek	[ruk]

Ente (f)	eend	[eent]
Gans (f)	gans	[χaŋs]
Fasan (m)	fisant	[fisant]

Adler (m)	arend	[arɛnt]
Habicht (m)	sperwer	[sperwər]
Falke (m)	valk	[falk]
Greif (m)	aasvoël	[āsfoɛl]
Kondor (m)	kondor	[kondor]

Schwan (m)	swaan	[swān]
Kranich (m)	kraanvoël	[krān·foɛl]
Storch (m)	ooievaar	[ojefār]

Papagei (m)	papegaai	[papəχāi]
Kolibri (m)	kolibrie	[kolibri]
Pfau (m)	pou	[pæʊ]

Strauß (m)	volstruis	[folstrœis]
Reiher (m)	reier	[ræjer]
Flamingo (m)	flamink	[flamink]
Pelikan (m)	pelikaan	[pelikān]

| Nachtigall (f) | nagtegaal | [naχteχāl] |
| Schwalbe (f) | swael | [swaəl] |

Drossel (f)	lyster	[lajstər]
Singdrossel (f)	sanglyster	[saŋlajstər]
Amsel (f)	merel	[merəl]

Segler (m)	windswael	[vindswaəl]
Lerche (f)	lewerik	[leverik]
Wachtel (f)	kwartel	[kwartəl]

Specht (m)	speg	[speχ]
Kuckuck (m)	koekoek	[kukuk]
Eule (f)	uil	[œil]
Uhu (m)	ooruil	[oerœil]
Auerhahn (m)	auerhoen	[ɔuer·hun]
Birkhahn (m)	korhoen	[korhun]
Rebhuhn (n)	patrys	[patrajs]

Star (m)	spreeu	[spriʊ]
Kanarienvogel (m)	kanarie	[kanari]
Haselhuhn (n)	bonasa hoen	[bonasa hun]

| Buchfink (m) | gryskoppie | [χrajskoppi] |
| Gimpel (m) | bloedvink | [bludfink] |

Möwe (f)	seemeeu	[seəmiʊ]
Albatros (m)	albatros	[albatros]
Pinguin (m)	pikkewyn	[pikkəvajn]

91. Fische. Meerestiere

Brachse (f)	brasem	[brasem]
Karpfen (m)	karp	[karp]
Barsch (m)	baars	[bārs]
Wels (m)	katvis, seebaber	[katfis], [see·babər]
Hecht (m)	snoek	[snuk]
Lachs (m)	salm	[salm]
Stör (m)	steur	[støər]
Hering (m)	haring	[hariŋ]
atlantische Lachs (m)	atlantiese salm	[atlantisə salm]
Makrele (f)	makriel	[makril]
Scholle (f)	platvis	[platfis]
Zander (m)	varswatersnoek	[farswatər·snuk]
Dorsch (m)	kabeljou	[kabeljæʊ]
Tunfisch (m)	tuna	[tuna]
Forelle (f)	forel	[forəl]
Aal (m)	paling	[paliŋ]
Zitterrochen (m)	drilvis	[drilfis]
Muräne (f)	bontpaling	[bontpaliŋ]
Piranha (m)	piranha	[piranha]
Hai (m)	haai	[hāi]
Delfin (m)	dolfyn	[dolfajn]
Wal (m)	walvis	[valfis]
Krabbe (f)	krap	[krap]
Meduse (f)	jellievis	[jelli·fis]
Krake (m)	seekat	[see·kat]
Seestern (m)	seester	[see·stər]
Seeigel (m)	see-egel, seekastaiing	[see-eχel], [see·kastajiŋ]
Seepferdchen (n)	seeperdjie	[see·perdʒi]
Auster (f)	oester	[ustər]
Garnele (f)	garnaal	[χarnāl]
Hummer (m)	kreef	[kreəf]
Languste (f)	seekreef	[see·kreəf]

92. Amphibien Reptilien

Schlange (f)	slang	[slaŋ]
Gift-, giftig	giftig	[χiftəχ]
Viper (f)	adder	[addər]
Kobra (f)	kobra	[kobra]
Python (m)	luislang	[lœislaŋ]
Boa (f)	boa, konstriktorslang	[boa], [kɔŋstriktor·slaŋ]
Ringelnatter (f)	ringslang	[riŋ·slaŋ]

Klapperschlange (f)	ratelslang	[ratəl·slaŋ]
Anakonda (f)	anakonda	[anakonda]

Eidechse (f)	akkedis	[akkedis]
Leguan (m)	leguaan	[leχuān]
Waran (m)	likkewaan	[likkevān]
Salamander (m)	salamander	[salamandər]
Chamäleon (n)	verkleurmannetjie	[fərkløər·manneki]
Skorpion (m)	skerpioen	[skerpiun]

Schildkröte (f)	skilpad	[skilpat]
Frosch (m)	padda	[padda]
Kröte (f)	brulpadda	[brul·padda]
Krokodil (n)	krokodil	[krokodil]

93. Insekten

Insekt (n)	insek	[insek]
Schmetterling (m)	skoenlapper	[skunlappər]
Ameise (f)	mier	[mir]
Fliege (f)	vlieg	[fliχ]
Mücke (f)	muskiet	[muskit]
Käfer (m)	kewer	[kevər]

Wespe (f)	perdeby	[perdə·baj]
Biene (f)	by	[baj]
Hummel (f)	hommelby	[homməl·baj]
Bremse (f)	perdevlieg	[perdə·fliχ]

Spinne (f)	spinnekop	[spinnə·kop]
Spinnennetz (n)	spinnerak	[spinnə·rak]

Libelle (f)	naaldekoker	[nāldə·kokər]
Grashüpfer (m)	sprinkaan	[sprinkān]
Schmetterling (m)	mot	[mot]

Schabe (f)	kakkerlak	[kakkerlak]
Zecke (f)	bosluis	[boslœis]
Floh (m)	vlooi	[floj]
Kriebelmücke (f)	muggie	[muχχi]

Heuschrecke (f)	treksprinkhaan	[trek·sprinkhān]
Schnecke (f)	slak	[slak]
Heimchen (n)	kriek	[krik]
Leuchtkäfer (m)	vuurvliegie	[fɪrfliχi]
Marienkäfer (m)	lieweheersbesie	[liveheers·besi]
Maikäfer (m)	lentekewer	[lentekevər]

Blutegel (m)	bloedsuier	[blud·sœiər]
Raupe (f)	ruspe	[ruspə]
Wurm (m)	erdwurm	[ɛrd·vurm]
Larve (f)	larwe	[larvə]

FLORA

94. Bäume

Deutsch	Afrikaans	Aussprache
Baum (m)	boom	[boəm]
Laub-	bladwisselend	[bladwisselent]
Nadel-	kegeldraend	[keχɛldraent]
immergrün	immergroen	[immərχrun]
Apfelbaum (m)	appelboom	[appɛl·boəm]
Birnbaum (m)	peerboom	[peər·boəm]
Kirschbaum (m)	kersieboom	[kersi·boəm]
Süßkirschbaum (m)	soetkersieboom	[sutkersi·boəm]
Sauerkirschbaum (m)	suurkersieboom	[sɪrkersi·boəm]
Pflaumenbaum (m)	pruimeboom	[prœimə·boəm]
Birke (f)	berk	[berk]
Eiche (f)	eik	[æjk]
Linde (f)	lindeboom	[lində·boəm]
Espe (f)	trilpopulier	[trilpopulir]
Ahorn (m)	esdoring	[ɛsdoriŋ]
Fichte (f)	spar	[spar]
Kiefer (f)	denneboom	[dɛnnə·boəm]
Lärche (f)	lorkeboom	[lorkə·boəm]
Tanne (f)	den	[den]
Zeder (f)	seder	[sedər]
Pappel (f)	populier	[populir]
Vogelbeerbaum (m)	lysterbessie	[lajstərbɛssi]
Weide (f)	wilger	[vilχər]
Erle (f)	els	[ɛls]
Buche (f)	beuk	[bøək]
Ulme (f)	olm	[olm]
Esche (f)	esboom	[ɛs·boəm]
Kastanie (f)	kastaiing	[kastajiŋ]
Magnolie (f)	magnolia	[maχnolia]
Palme (f)	palm	[palm]
Zypresse (f)	sipres	[sipres]
Mangrovenbaum (m)	wortelboom	[vortəl·boəm]
Baobab (m)	kremetart	[kremetart]
Eukalyptus (m)	bloekom	[blukom]
Mammutbaum (m)	mammoetboom	[mammut·boəm]

95. Büsche

Strauch (m)	struik	[strœik]
Gebüsch (n)	bossie	[bossi]
Weinstock (m)	wingerdstok	[viŋərd·stok]
Weinberg (m)	wingerd	[viŋərt]
Himbeerstrauch (m)	framboosstruik	[framboəs·strœik]
schwarze Johannisbeere (f)	swartbessiestruik	[swartbɛssi·strœik]
rote Johannisbeere (f)	rooi aalbessiestruik	[roj ālbɛssi·strœik]
Stachelbeerstrauch (m)	appelliefiestruik	[appɛllifi·strœik]
Akazie (f)	akasia	[akasia]
Berberitze (f)	suurbessie	[sɪr·bɛssi]
Jasmin (m)	jasmyn	[jasmajn]
Wacholder (m)	jenewer	[jenevər]
Rosenstrauch (m)	roosstruik	[roəs·strœik]
Heckenrose (f)	hondsroos	[honds·roəs]

96. Obst. Beeren

Frucht (f)	vrug	[fruχ]
Früchte (pl)	vrugte	[fruχtə]
Apfel (m)	appel	[appəl]
Birne (f)	peer	[peər]
Pflaume (f)	pruim	[prœim]
Erdbeere (f)	aarbei	[ārbæj]
Kirsche (f)	kersie	[kersi]
Sauerkirsche (f)	suurkersie	[sɪr·kersi]
Süßkirsche (f)	soetkersie	[sut·kersi]
Weintrauben (pl)	druif	[drœif]
Himbeere (f)	framboos	[framboəs]
schwarze Johannisbeere (f)	swartbessie	[swartbɛssi]
rote Johannisbeere (f)	rooi aalbessie	[roj ālbɛssi]
Stachelbeere (f)	appelliefie	[appɛllifi]
Moosbeere (f)	bosbessie	[bosbɛssi]
Apfelsine (f)	lemoen	[lemun]
Mandarine (f)	nartjie	[narki]
Ananas (f)	pynappel	[pajnappəl]
Banane (f)	piesang	[pisaŋ]
Dattel (f)	dadel	[dadəl]
Zitrone (f)	suurlemoen	[sɪr·lemun]
Aprikose (f)	appelkoos	[appɛlkoəs]
Pfirsich (m)	perske	[perskə]
Kiwi (f)	kiwi, kiwivrug	[kivi], [kivi·fruχ]
Grapefruit (f)	pomelo	[pomelo]

Beere (f)	bessie	[bɛssi]
Beeren (pl)	bessies	[bɛssis]
Preiselbeere (f)	pryselbessie	[prajsɛlbɛssi]
Walderdbeere (f)	wilde aarbei	[vildə ārbæj]
Heidelbeere (f)	bloubessie	[blæubɛssi]

97. Blumen. Pflanzen

| Blume (f) | blom | [blom] |
| Blumenstrauß (m) | boeket | [buket] |

Rose (f)	roos	[roəs]
Tulpe (f)	tulp	[tulp]
Nelke (f)	angelier	[anχəlir]
Gladiole (f)	swaardlelie	[swārd·leli]

Kornblume (f)	koringblom	[koriŋblom]
Glockenblume (f)	grasklokkie	[χras·klokki]
Löwenzahn (m)	perdeblom	[perdə·blom]
Kamille (f)	kamille	[kamillə]

Aloe (f)	aalwyn	[ālwajn]
Kaktus (m)	kaktus	[kaktus]
Gummibaum (m)	rubberplant	[rubbər·plant]

Lilie (f)	lelie	[leli]
Geranie (f)	malva	[malfa]
Hyazinthe (f)	hiasint	[hiasint]

Mimose (f)	mimosa	[mimosa]
Narzisse (f)	narsing	[narsiŋ]
Kapuzinerkresse (f)	kappertjie	[kapperki]

Orchidee (f)	orgidee	[orχideə]
Pfingstrose (f)	pinksterroos	[pinkstər·roəs]
Veilchen (n)	viooltjie	[fioəlki]

Stiefmütterchen (n)	gesiggie	[χesiχi]
Vergissmeinnicht (n)	vergeet-my-nietjie	[ferχeət-maj-niki]
Gänseblümchen (n)	madeliefie	[madelifi]

Mohn (m)	papawer	[papavər]
Hanf (m)	hennep	[hɛnnəp]
Minze (f)	kruisement	[krœisəment]

| Maiglöckchen (n) | dallelie | [dalleli] |
| Schneeglöckchen (n) | sneeuklokkie | [sniu·klokki] |

Brennnessel (f)	brandnetel	[brant·netəl]
Sauerampfer (m)	veldsuring	[fɛltsuriŋ]
Seerose (f)	waterlelie	[vatər·leli]
Farn (m)	varing	[fariŋ]
Flechte (f)	korsmos	[korsmos]
Gewächshaus (n)	broeikas	[bruikas]

| Rasen (m) | grasperk | [χras·perk] |
| Blumenbeet (n) | blombed | [blom·bet] |

Pflanze (f)	plant	[plant]
Gras (n)	gras	[χras]
Grashalm (m)	grasspriet	[χras·sprit]

Blatt (n)	blaar	[blār]
Blütenblatt (n)	kroonblaar	[kroən·blār]
Stiel (m)	stingel	[stiŋəl]
Knolle (f)	knol	[knol]

| Jungpflanze (f) | saailing | [sājliŋ] |
| Dorn (m) | doring | [doriŋ] |

blühen (vi)	bloei	[blui]
welken (vi)	verlep	[ferlep]
Geruch (m)	reuk	[røək]
abschneiden (vt)	sny	[snaj]
pflücken (vt)	pluk	[pluk]

98. Getreide, Körner

Getreide (n)	graan	[χrān]
Getreidepflanzen (pl)	graangewasse	[χrān·χəwassə]
Ähre (f)	aar	[ār]

Weizen (m)	koring	[koriŋ]
Roggen (m)	rog	[roχ]
Hafer (m)	hawer	[havər]
Hirse (f)	gierst	[χirst]
Gerste (f)	gars	[χars]

Mais (m)	mielie	[mili]
Reis (m)	rys	[rajs]
Buchweizen (m)	bokwiet	[bokwit]

Erbse (f)	ertjie	[ɛrki]
weiße Bohne (f)	nierboon	[nir·boən]
Sojabohne (f)	soja	[soja]
Linse (f)	lensie	[lɛŋsi]
Bohnen (pl)	boontjies	[boənkis]

LÄNDER DER WELT

99. Länder. Teil 1

Deutsch	Afrikaans	Aussprache
Afghanistan	Afghanistan	[afχanistan]
Ägypten	Egipte	[εχiptə]
Albanien	Albanië	[albaniε]
Argentinien	Argentinië	[arχentiniε]
Armenien	Armenië	[armeniε]
Aserbaidschan	Azerbeidjan	[azerbæjdjan]
Australien	Australië	[ɔustraliε]
Bangladesch	Bangladesj	[bangladeʃ]
Belgien	België	[belχiε]
Bolivien	Bolivië	[boliviε]
Bosnien und Herzegowina	Bosnië & Herzegowina	[bosniε en hersegovina]
Brasilien	Brasilië	[brasiliε]
Bulgarien	Bulgarye	[bulχaraje]
Chile	Chili	[tʃili]
China	Sjina	[ʃina]
Dänemark	Denemarke	[denemarkə]
Deutschland	Duitsland	[dɔeitslant]
Die Bahamas	die Bahamas	[di bahamas]
Die Vereinigten Staaten	Verenigde State van Amerika	[ferenixdə statə fan amerika]
Dominikanische Republik	Dominikaanse Republiek	[dominikãŋsə republik]
Ecuador	Ecuador	[εkuador]
England	Engeland	[εŋəlant]
Estland	Estland	[εstlant]
Finnland	Finland	[finlant]
Frankreich	Frankryk	[frankrajk]
Französisch-Polynesien	Frans-Polinesië	[fraŋs-polinesiε]
Georgien	Georgië	[χeorχiε]
Ghana	Ghana	[χana]
Griechenland	Griekeland	[χrikəlant]
Großbritannien	Groot-Brittanje	[χroət-brittanje]
Haiti	Haïti	[haïti]
Indien	Indië	[indiε]
Indonesien	Indonesië	[indonesiε]
Irak	Irak	[irak]
Iran	Iran	[iran]
Irland	Ierland	[irlant]
Island	Ysland	[ajslant]
Israel	Israel	[israəl]
Italien	Italië	[italiε]

100. Länder. Teil 2

Jamaika	**Jamaika**	[jamajka]
Japan	**Japan**	[japan]
Jordanien	**Jordanië**	[jordaniɛ]
Kambodscha	**Kambodja**	[kambodja]
Kanada	**Kanada**	[kanada]
Kasachstan	**Kazakstan**	[kasakstan]
Kenia	**Kenia**	[kenia]
Kirgisien	**Kirgisië**	[kirχisiɛ]
Kolumbien	**Colombia, Kolombië**	[kolombia], [kolombiɛ]
Kroatien	**Kroasië**	[kroasiɛ]
Kuba	**Kuba**	[kuba]
Kuwait	**Kuwait**	[kuvajt]
Laos	**Laos**	[laos]
Lettland	**Letland**	[letlant]
Libanon (m)	**Libanon**	[libanon]
Libyen	**Libië**	[libiɛ]
Liechtenstein	**Lichtenstein**	[liχtɛŋstejn]
Litauen	**Litoue**	[litæʋə]
Luxemburg	**Luksemburg**	[luksemburχ]
Madagaskar	**Madagaskar**	[madaχaskar]
Makedonien	**Masedonië**	[masedoniɛ]
Malaysia	**Maleisië**	[malæjsiɛ]
Malta	**Malta**	[malta]
Marokko	**Marokko**	[marokko]
Mexiko	**Meksiko**	[meksiko]
Moldawien	**Moldawië**	[moldaviɛ]
Monaco	**Monako**	[monako]
Mongolei (f)	**Mongolië**	[monχoliɛ]
Montenegro	**Montenegro**	[montənegro]
Myanmar	**Myanmar**	[mjanmar]
Namibia	**Namibië**	[namibiɛ]
Nepal	**Nepal**	[nepal]
Neuseeland	**Nieu-Seeland**	[niu-seəlant]
Niederlande (f)	**Nederland**	[nedərlant]
Nordkorea	**Noord-Korea**	[noərd-korea]
Norwegen	**Noorweë**	[noərweɛ]
Österreich	**Oostenryk**	[oəstenrajk]

101. Länder. Teil 3

Pakistan	**Pakistan**	[pakistan]
Palästina	**Palestina**	[palestina]
Panama	**Panama**	[panama]
Paraguay	**Paraguay**	[paragwaj]
Peru	**Peru**	[peru]
Polen	**Pole**	[polə]
Portugal	**Portugal**	[portuχal]

Republik Südafrika	Suid-Afrika	[sœid-afrika]
Rumänien	Roemenië	[rumeniɛ]
Russland	Rusland	[ruslant]

Sansibar	Zanzibar	[zanzibar]
Saudi-Arabien	Saoedi-Arabië	[saudi-arabiɛ]
Schottland	Skotland	[skotlant]
Schweden	Swede	[swedə]
Schweiz (f)	Switserland	[switsərlant]
Senegal	Senegal	[seneχal]
Serbien	Serwië	[serwiɛ]
Slowakei (f)	Slowakye	[slovakaje]
Slowenien	Slovenië	[slofeniɛ]
Spanien	Spanje	[spanje]
Südkorea	Suid-Korea	[sœid-korea]
Suriname	Suriname	[surinamə]
Syrien	Sirië	[siriɛ]

Tadschikistan	Tadjikistan	[tadʒikistan]
Taiwan	Taiwan	[tajvan]
Tansania	Tanzanië	[tansaniɛ]
Tasmanien	Tasmanië	[tasmaniɛ]
Thailand	Thailand	[tajlant]
Tschechien	Tjeggië	[ʧeχiɛ]
Tunesien	Tunisië	[tunisiɛ]
Türkei (f)	Turkye	[turkaje]
Turkmenistan	Turkmenistan	[turkmenistan]

Ukraine (f)	Oekraïne	[ukraïnə]
Ungarn	Hongarye	[honχaraje]
Uruguay	Uruguay	[urugwaj]
Usbekistan	Oezbekistan	[uzbekistan]

Vatikan (m)	Vatikaan	[fatikãn]
Venezuela	Venezuela	[fenesuela]
Vereinigten Arabischen Emirate	Verenigde Arabiese Emirate	[fereniχdə arabisə emiratə]
Vietnam	Viëtnam	[viɛtnam]
Weißrussland	Belarus	[belarus]
Zypern	Ciprus	[siprus]